ご利益別
お願い別

神社お寺開運帖

神社・お寺開運研究会
編著

ロング新書

まえがき

ご利益がいっぱい！　全国の神社とお寺を紹介

いま、神社やお寺のパワースポットが注目されて多くの人が訪れています。神社や寺院の境内に入ると、じつに清々しくおごそかな気分になれます。

また、神様がお祀りされている神聖な神社、阿弥陀如来像や薬師如来像が安置されている寺院には強力なパワーが満ちていて、参詣するとそのパワーを授かり、ご利益を得ることができるのです。

誰でも「結婚相手を見つけたい」「子どもを授かりたい」「商売を成功させて金運に恵まれたい」「病気を治して健康になりたい」「希望の大学に合格したい」「スポーツ大会で優勝したい」などさまざまな願い事を持っています。これらの願い事を叶えてくれるのが、神社や寺院のパワースポットです。

平成二五年には伊勢神宮の二〇年に一度の式年遷宮、出雲大社の六〇年に一度の式年遷宮が重なっためでたい年で、神様、仏様のパワーもみなぎっていました。

そこで、本書では「縁結び」「商売繁盛」「合格・学業成就」「交通安全」「病気平癒」「諸願成就」「おもしろ御利益」の七つに分けて、ご利益を授けてくれる全国の有名な神社・寺院を紹介しています。

初詣でに、また、日頃の参詣のお供にぜひ本書をご活用ください。

編著者

（註・ここに紹介した神社・寺院の住所・アクセスなどの情報は、二〇一七年一二月現在のデータです。その後の変更につきましてはご了承下さいますようお願いいたします。）

目次

2章 金運・勝運・商売繁盛の御利益

3章　合格・学業成就・技芸上達の御利益

4章 交通安全・旅行安全の御利益

5章 健康・病気平癒の御利益

6章
諸願成就・家内安全の御利益

7章 神々のふるさと　伊勢神宮と出雲大社

8章 おもしろご利益がある神社

1章

縁結び・恋愛成就の御利益

縁結び
女性守護

唐松神社《からまつじんじゃ》
女一生の守り神

住所　秋田県大仙市協和境下台84
アクセス　ＪＲ奥羽本線「羽後境駅」から徒歩15分　ほか

良縁・子宝・安産・育児・夫婦和合・家族円満

「大曲の花火大会」で知られる秋田県大仙市に、「女一生の守り神」と信仰を集めている唐松神社があります。「よい縁に恵まれますよう」「子宝が授かりますよう」「安産でありますよう」「子どもが健康に育ちますよう」「夫婦仲良く暮せますよう」「家族円満でありますよう」など、女性の一生の願いを聞き届けてくださるという神さまです。

ところで、なぜ「秋田美人」と言われるようになったかご存じですか？　一説に関ヶ原の戦いの後、常陸の国から秋田へ転封を命じられた大名の佐竹義宣《さたけよしのぶ》が、腹いせに旧領内の美人をみんな秋田へ連れてきてしまい、しかも旧領へは秋田の不美人を送りつけたためとか。単なる笑い話ですが、出羽久保田藩の初代藩主となった義宣から数えて三代目、義処《よしずみ》と、この「女一生の守り神」が関係があるのです。

義処は、傾いた藩の財政を建てなおそうと、寝食を忘れ、ときに吐血しながら藩政改革に取り組んだものの、道半ばで亡くなったと言われていますが、それはともかく――。

神功皇后の霊験にあやかった佐竹家のお姫さま

義処には久姫という美しい娘がいました。この久姫が臨月で苦しんでいたとき、領内の仙北に息氣長足姫命《おきながたらしひめのみこと》（＝神功皇后）を祀る霊験あらたかな神社があると聞いて、家臣に「その神さまに、私の苦しみを和らげてくださるようお願いして」と頼みました。そこで家臣たちが唐松神社に参って久姫の安産を祈願したところ、姫は無事、男子を出産しました。

唐松神社には、久姫がお礼に奉納したという木造の獅子頭がいまに伝わっており、宮城県の有形文化財に指定されています。

この久姫の言葉に出てくるように、唐松神社は神功皇后ゆかりの神社です。

仲哀《ちゅうあい》天皇のお后だった神功皇后は夫の死後、託宣を受けて朝鮮半島の新羅《しらぎ》に出兵しました（三韓征伐）。このとき皇后は臨月でしたが、「石をもって産気を鎮め」（鎮懐石）、筑紫へ凱旋してから御子（のちの応神天皇）を産みました。

社伝によれば、三韓征伐に加わった物部《もののべの》膽咋連《いくいのむらじ》が、皇后がつけていた腹帯をいただ

唐松神社の天日宮

き、この地にきて神社を創建したといいます。また、皇后自身が帰路、この地に立ち寄ったという伝承もあります。そこで唐松神社は古くから「安産・子授け」の神様として、女性たちの信仰を集めるようになったのです。

触ると妊娠する〝抱き石〟も

神社は高い所にあるのが普通ですが、唐松神社の本殿は参道の階段を下った窪地にあります。なぜ、こんな変わった建て方になったかといえば、もともとは裏にそびえる唐松山の頂上にあったのですが、領主の義処が馬に乗って社殿の前を通り過ぎようとしたところ、馬が急に立ち止まって落馬。

怒った義処が一段低い現在の土地に移させたのだとか。

境内には、ほかにもさまざまな神さまが祀られていますが、参道からちょっと外れたところにある「唐松山天日宮《あまつひのみや》」もなかなかに変わっています。自然の石を二層に積み上げてつくった、円墳をイメージさせる人工の丘の上に社殿が建てられているのです。

このお社の裏手に、「触ると妊娠する」と言われている卵のような形の石がありま す。通称〝抱き石〟こと「玉鉾の石」。男性は右回りに進んで社殿の裏に回り、この石に触ります。女性は反対に左回りで、石に触る。これを三回繰り返すのが、ご利益が得られる正しいお参りの仕方だそう。全国からお参りのカップルが絶えないそうです。

ご祭神　唐松神社は軻具突命（かぐつきのみこと）など五柱、唐松山天日宮は饒速日命（にぎはやひのみこと）など三柱。
文化財　秋田県指定有形文化財（建造物）＝唐松神社奥殿、同（工芸）＝木造獅子頭。天然記念物＝唐松神社杉並木。
その他のご利益　安産・女性守護　ほか

縁結び
夫婦円満

すべての縁を取り持つ神さま
日光二荒山神社《にっこうふたらさんじんじゃ》

住所　栃木県日光市山内2307

アクセス　JR日光駅・東武日光駅より東武バス中禅寺温泉行きまたは湯元温泉行きで「西参道」下車、徒歩7分　ほか

東照宮からの参道にも強力パワースポット

「日光を見ずして結構と言うなかれ」ということわざがあります。徳川家康を祭る壮麗な日光東照宮こそ「結構」という言葉に値するもので、東照宮を見ないうちは「結構」という言葉を口にするなという意味。「ニッコウ」と「ケッコウ」をひっかけたわけです。

これにならえば、いまの恋する女性たちにとっては、「パワーストリートを歩かないうちは、日光に行ったなんて言わないで！」ということになるでしょうか。なぜなら、このパワーストリートの先に「縁結びの神さま」として名高い、「日光二荒山神社」があるからです。

東照宮から二荒山神社へは、「上神道」と「下神道」の二本の参道が伸びています。杉並木に石灯篭が並ぶすがすがしい道ですが、とくに強力なパワーがあるのは、上神道を半分ほど過ぎて二荒山神社の楼門が近

日光二荒山神社 拝殿

づいてきたあたりとか。

数多い日光のパワースポットのなかでも、とりわけこの参道のパワーが強力なのは、両方の神社の力が重なる道だから。ちなみに勝負運をアップさせたいなら東照宮だそうです。

夫婦杉に家庭円満祈願、縁結びの笹も

二荒山神社は、徳川三代将軍の家光が東照宮を造営するよりはるか昔からこの地にある「日光信仰の中核」とも言える神社です。それを象徴するのが、大谷川を渡る参詣のための神橋。奈良時代に架けられたものだそうです。

この神社の神域は「いろは坂」や「華厳の滝」まで含む広大なものですが、とくに本社の境内には、良縁をもたらしてくださるというご神木がいくつかあります。まず、拝殿正面の神門に向かって右手にある「夫婦杉」。一本の根から伸びた大木が仲の良い夫婦のように寄り添って立っています。そして左手には同じく一本の根から伸びる「親子杉」。夫婦和合、家庭円満、子宝祈願などにいかにもご利益がありそうです。

奥の神苑へ進むと、そこにあるのが「縁結びの笹」。結び札（有料）に願い事を書いて笹に結びつけると、良縁が得られると言われています。そしてさらに進むと「二荒霊水」のお水取り。智恵を授ける「智恵の水」、「酒の泉」、若返りの「若水」があり、飲んでよし、持ち帰りもできます。

別宮「滝尾神社」には
子宝が授かる「子種石」

二荒山神社の本社から西へ約一キロ、歩いて三〇分ほどのところにある別宮の「滝《たきの》尾《お》神社《じんじゃ》」も、知る人ぞ知る日光のパワースポット。その霊力は日光一とも言われます。

うっそうとした杉などの森のなかの参道を行くと、神社入り口の左手に「白糸の滝」。階段を登ると鳥居があります。「運試しの鳥居」といって、頭上に架かっている額の真ん中の丸い穴に向かって小石を投げ、通った小石の数で運を占うというのですが、これが至難の技。
さらに進むと、朱塗りの楼門があり、その奥に拝殿と唐門、本殿。唐門の横に、ここにも良縁祈願の「縁結びの笹」がありますす。本殿の裏手に回ると、ご神木の「滝尾三本杉」。この神社の境内でもっとも神聖な場所なのだそう。
本殿の左奥に行くと湧水があって、ここにも「酒の泉」と案内板が立っています。ただしいまは飲むことはできません。そして泉の奥にあるのが、子宝が授かるという「子種石」。
ちなみに、こちらの御祭神、田心姫命《たごりひめのみこと》と二荒山神社の主神、大己貴命《おおなむちのみこと》は夫婦の神さまです。

ご祭神 大己貴命、田心姫命、味耜高彦根命（あじすきたかひこねのみこと）の三柱。大己貴命の別名は「大国主命」（おおくにぬしのみこと）。大国主命は縁結びの神として古くから信仰されてきた出雲大社（島根県）の主祭神。

お守り 人気が高いのは、福を呼ぶ願掛けの「日光大国御守」と諸願成就のお守。境内にある滝尾神社の子種石の霊験を御守にした「安産子種石守」や弓の名人、那須与一（なすのよいち）にあやかった願い事「的中御守」もある。

行事 例祭「弥生祭」（四月一三日～一七日）、「だいこくまつり」（六月）ほか。

その他のご利益 縁結び・学業成就・豊作・金運　ほか

縁結び
恋愛成就・家族円満

赤い糸に結ばれた運命の恋を叶える
川越氷川神社《かわごえひかわじんじゃ》

住所　埼玉県川越市宮下町2－11－3
アクセス　JR、東武東上線「川越駅」からバス　ほか

良縁に恵まれる「縁結び玉」を求めて行列

東京から電車で三〇分ほど。江戸時代の情緒あふれる蔵づくりの街並をいまに残す川越は、観光スポットとしても大変な人気があります。そんな蔵の町からほど近いところにあるのが、「縁結び」で有名な川越氷川神社です。

はじまりは古墳時代の欽明天皇の時代にまでさかのぼるとされ、一五〇〇年ものあいだ、多くの「結び」を見守ってきました。縁結び、夫婦円満の神さまとして多くの信仰を集めてきたのは、川越氷川神社には二組の夫婦神と縁結びの神さまがいらっしゃるからです。

とくに人気を集めているのは、川越氷川神社の「縁結び玉」。神社に古くから伝わる、「境内の玉砂利を持ち帰り、たいせつにすると良縁に恵まれる」という言い伝えにちなみ、毎朝八時から一日二〇体限定（無料）の「縁結び玉」を巫女さんが無料配布して

くれるのです。良縁のおしるしでもあるこの「縁結び玉」を求めて、平日でも朝早くから行列ができるのだそう。休日ともなれば、夜中の二時、三時から並んでいる光景も珍しくありません。良き相手にはライバルが多いもの。良縁も早い者勝ちには違いありません。

運命の相手をたぐりよせる強力なご利益

お祓いをうけていただく玉砂利は真っ白な麻の網に包まれていて、赤い糸でキュッと結ばれています。少しはかなげな感じがするところもどこか愛らしい。良縁祈願のご利益をいただいて運命の相手に巡り合えたら、ふたり揃ってお参りしたあと「縁結び玉」を神社に戻します。その際には、結ばれたふたりの縁がかたく永く続くように祈願した赤い「結い紐のもと」がくだされます。

日本では古代から〝むすび〟には「目に見えない力」が宿ると信じられてきました。「結び紐のもと」の文様も、伝統的な髪飾り結びをもとにしたもので、ふたつ分の長さの一本の水引を用いて編み上げたものです。結婚の日までふたりの「赤い糸」を大切に育んでほしいという願いが込められています。

「運命の相手とは、生まれたときから赤い糸で結ばれている」という言い伝えがありますが、この広い世の中で、たったひとりの運命の相手と出会う保証はどこにもありません。目に見えない細い糸をたぐりよせる手助けをしてくれるのが、川越氷川神社のご利益なのです。

三世代同居の家族神

川越氷川神社の主祭神は素戔鳴尊《すさのおのみこと》。ほかに、妃神となった奇稲田姫命《くしいなだのみこと》とその父母にあたる夫婦神さまの脚摩乳命《あしなづちのみこと》、手摩乳命《てなづちのみこと》。そして、素戔鳴尊と奇稲田姫命の子どもとも子孫ともされる、出雲大社の縁結びの神様である大己貴命《おおなむちのみこと》が祀られています。いまでいうなら、三世代同居のご家族が同居されているようなもの。家族円満・夫婦円満・恋愛成就の神さまとして、評判が高まる所以です。

境内には、祈願成就をさらに強力にしてくれるご利益スポットがたくさんあります。

鳥居をくぐった参道脇の「祓いの川」（「人形《ひとがた》」と呼ばれる和紙を流して、心身の穢れを祓う「人形流し」をおこなう）の奥にある「戌岩《いぬいわ》」も見逃してはなりません。鼻先を神前に向けた戌の姿が、片耳が垂れた戌の顔に似ていることから「戌岩」と呼ばれています。この「戌岩」を妊婦さんが撫でると、安産になるといわれています。また、本殿裏手の樹齢六〇〇年をこえるご神木は、周囲に組まれた石段を八の字を描くように回ると厄落としにつながるといわれています。

飛鳥時代の歌人である柿本人麻呂をお奉りする柿本人麻呂社は、全国でも珍しい存在。学問・歌道の神様として、学業成就、試験合格、安産・火防のご利益があります。

お守り 紅白二色の「えんむすび」。婚活中ならばどちらかひとつ、すでに決まった相手がいるときは、ふたりそれぞれにもつと良い。布製の小さなお守りと赤い縫い糸が入っている「縫いつけまもり」。新たな出会いをもとめる人には「であいこい」、「ゆかり守り」など、種類も豊富。購入すると、巫女さんが鈴を鳴らして厄払いをしてくださるというおまけつきだ。

結い紐の儀 川越氷川神社の独自の儀式で、結婚式の指輪交換の代わりに、水引で編んだ赤い「結い紐」を、薬指ではなく互いの左手小指に結ぶ。

行事 末広がりの縁起にちなんで、毎月八日と第四土曜日の月二回、午前八時八分に「良縁祈願祭」を斎行。八月一八日「小江戸川越　縁結び&行灯（あんどん）ウォーク」は、スタート地点で行灯を受け取り、夜の川越を散策したあと氷川神社で行灯を奉納し、良縁祈願祭を受ける官民協同の催し。白い水引を結び、小さな鈴がついたお守りがもらえる。

その他のご利益 家内安全・安産・合格・勝負・交通安全　ほか

縁結び
良縁祈願

恋愛成就の御利益で いま一番人気が高い 東京大神宮《とうきょうだいじんぐう》

住所　東京都千代田区富士見2－4－1
アクセス　JR中央・総武線「飯田橋駅」から徒歩5分　ほか

婚活スポットとして、若い女性に大人気

高層ビルが建ち並ぶ都心のオフィス街の一画に、連日、早朝から夕刻まで若い女性がひっきりなしに訪れる強力なパワースポットがあります。恋愛成就・縁結びのご利益がある神社としていまもっとも人気のある「東京大神宮」です。

こじんまりとした境内ですが、全国一の神社である伊勢神宮の神々を祀る「東京のお伊勢さま」であり、明治神宮や靖國神社と並んで東京を代表する「東京五社」の一つでもあるという、由緒正しい、まさに東京を代表するおやしろなのです。

お伊勢参りは江戸時代に大流行しましたが、関東からはそうたびたびお参りにいくことはできません。そこで明治天皇が東京に居ながらにしてお伊勢参りができるようにと、明治一三年（一八八〇）に伊勢神宮の神さまの分霊をお祀りして創建されました。

東京大神宮

伊勢両宮（内宮と外宮）の御祭神である天照皇大神《あまてらすすめおおかみ》と、農業、衣食住を司る豊受《とようけの》大神《おおかみ》、さらに倭比賣命《やまとひめのみこと》が祀られています。そんな神さまたちに加えて、「造化《ぞうか》の三神《さんしん》」と呼ばれる「天之御中主神《あめのみなかぬしのかみ》」「高御産巣日《たかみむすびの》神《かみ》」「神産巣日神《かみむすびのかみ》」という三神さまも祀られています。

この三神さまは、天地が初めてできたときにあらわれた神々で、さまざまなものを結ぶことで万物をつくり出した神さま、つまり「結び」の働きをした神さまなのです。

私たち人間も、毎日の生活のなかで多くの人と出会いますが、そのなかで、たった一人の人とめぐり合い、愛を育て結ばれて子どもを産み育てる。この不思議なめぐり合いを私たち日本人は古来「結びの神さま のはたらき」と考え、感謝の祈りを捧げて きました。

この「結びの神さま」をお祀りする東京大神宮は、強力な「縁結び」のパワースポットとして全国に知られるようになったのです。

日本で初めて神前結婚式が行われた神社

また、日本で初めて「神前結婚式」をおこなった神社としても有名です。明治三三年（一九〇〇）に、当時の皇太子殿下（後の大正天皇）と九条節子姫（後の貞明皇后）のご成婚が、宮中の歴史のなかで初めて皇居内の賢所《かしこどころ》（神前）でおこなわれたことを記念し、東京大神宮では初めて「神前結婚式」をおこない世に広めてきました。現在も神職、巫女、楽人たちにより伝統にのっとった結婚式がおこなわれます。

最近ではそのご利益が口コミで広がり、土日ともなると全国から恋愛祈願に来る参拝者で境内はいっぱいになります。一人でこっそり祈願にくる女性もいれば、友達と何人かで楽しそうにやってくる女性たちも多くいます。実際に参拝したら恋が実った、彼氏ができた、恋人との絆が深まったなどの話はたくさんあり、これらの話が全国に広まって、正月などはあふれるほどの女性でにぎわうようになりました。

お守り、おみくじ、絵馬の売り場も行列をつくるほど大人気。一体ずつ着物の柄や表情が違う女の子の絵が描かれたかわいい「恋みくじ」も人気の的。中には恋愛運のヒントや恋を叶えるアドバイスが書かれています。また、「想いが実を結ぶように」と手紙をしたためてヒモで木の枝に結ぶ「願い文」もこの神社ならではのもの。

また境内の拝殿横に平成一六年（二〇〇四）に、「せせらぎ」という小さな小川がつくられました。ここには都会では珍しくホタルやエビ、メダカ、ハゼの一種などが生息しています。せせらぎの小さな滝から流れおちる清らかな水が一つの流れに結ばれて、参拝者によい出会いをもたらすようにという願いでつくられたといいます。

恋愛成就を願う人は、ぜひ一度そのパワーを受けに訪れてみたい神社です。

お守り　縁結びのお守りが豊富で大人気。振れば願い事が叶う打出の小槌をモチーフにした「縁結び幸せ小槌」は、二つの根付けを合わせると凸凹に刻まれた「幸」の文字がぴったり重なる。「結び札」と名づけられた木札は、中央から二つに分かれる。一片には自分の名前を記して神社へ納め、もう一片は祈願の証として守り札にすると恋愛が成就する。

行事　毎年二月三日の「節分祭」で、裃姿の年男・年女による豆まきを行う。

その他のご利益　家内安全・商売繁昌・開運厄除　ほか

縁結び
安産・子育て

「情けありまの水天宮」
水天宮《すいてんぐう》

住所　東京都中央区日本橋蛎殻町2－4－1
アクセス　東京メトロ半蔵門線「水天宮駅」から徒歩1分ほか

安産・子育て祈願に篤いご利益

「恐れ入谷の鬼子母神」と並んで「情けありまの水天宮」と、江戸っ子に親しまれた東京・日本橋蛎殻町の「水天宮」。社殿改築のため、平成二五年（二〇一三）三月から日本橋浜町の仮宮に移っていましたが二八年に新たになり、安産・子育ての神さまとして篤い信仰を集めてきました。

「情けありま」の「ありま」は「有馬」、つまり、この神社を建立した九州は久留米藩主・有馬家とひっかけた〝掛け言葉〟です。水天宮はもともと有馬家が久留米で崇敬していた神社ですが、江戸時代も末近くなって、現在の港区三田にあった有馬家の江戸上屋敷に分祀しました。下屋敷のあったいまの日本橋蛎殻町に移ったのは、明治五年（一八七二）のことです。

ご利益の安産祈願、子授けなどは、主祭神の天御中主大神《あめのみなかぬしのおおかみ》の広大無辺なご神徳をあらわしたものとされています。この神さまは天も地も混とんとしていた神代に、高天

水天宮

原にあらわれた日本の神々の祖先神。同時に源平壇ノ浦合戦で敗れ、平家とともに海に沈んだ幼い安徳《あんとく》天皇とその母の建礼門《けんれいもん》院《いん》、二位の尼もお祭りしています。

社殿の「鈴の緒」に安産祈願をこめた腹帯

ところが久留米には、安徳天皇は官女に守られて秘かに筑紫に逃れ、二七歳で崩御するまで暮らしたという言い伝えがあるのだそうです。天皇はそこで美しい玉江姫を恋し、「椿の花はいつの世もやさしく愛でて映え、井桁はその愛をとこしえに深く育んでゆくと言われているが、いかがなものよ」と、姫への想いを秘めて仰せられたとか。二人のこの恋の物語がいわれとなって、水天宮の神紋は椿の花です。

安産のご利益篤い水天宮は、妊婦さんの参拝が絶えることがありません。水天宮でいただく「御子守帯《みすゞおび》」は、「戌の日」に妊婦に授与する腹帯で、社殿の前で神様をお呼びするために鳴らす「鈴の緒」に安産の祈願を済ませたもの。体調がすぐれないときや陣痛が起きたときにちぎり、水に浮かべて飲むと、具合がよくなり、お産が軽くなると伝えられている護符「水天宮御守」も、とても喜ばれています。

お守り 子宝祈願の「子授け御守り」、境内にある中央弁財天の「巳なる金」（みなるかね）など、種類も豊富。

縁起物 「福絵馬」「宝生辨財天絵馬」「河童面」「すくすく御膳」（お食い初め用）など。

その他のご利益 安産・子授け　ほか

縁結び
恋愛成就

八百屋お七が取り持つ縁
密厳院《みつごんいん》・お七地蔵《しちじぞう》

住所　東京都大田区大森北3－5－4
アクセス　京浜急行電鉄「大森海岸駅」から徒歩約6分　ほか

恋が叶うパワースポット

お七は江戸時代前期、恋人に会いたい一心で自宅に放火し、火あぶり（火刑）に処せられた悲しい少女です。東京・大田区の八幡山密厳院という真言宗智山派のお寺の境内に、そんなお七の霊を慰めるために建てられた地蔵菩薩立像、通称「お七地蔵」があります。いつのころからかお七が、好きな相手との縁を結んでくれる、つまり「恋が叶う」パワースポットとして語られるようになりました。

寺の言い伝えによれば、密厳院は平安時代のはじめに開かれたという由緒あるお寺です。お七地蔵は高さが約一・六メートル、その姿は振袖姿のようにも見え、大田区の名所・旧跡のひとつに数えられています。

恋の相手に会いたいさゆえに、自宅に火をつけて

お七は数え一六の年の暮れ、大火事で焼け出され、避難した駒込の吉祥寺で出会っ

た寺小姓の吉三郎と恋に落ちます。

しかし、やがて自宅は新しく建て替えられ、お七は両親に連れられて、泣く泣く家に戻りました。でも吉三郎恋しさは募るばかり。思いつめたお七は「もう一度、家が火事になれば、また、あのお寺に逃げて吉さんに会える」と、自宅に火をつけてしまいます。すぐに近所の人が気づいて、火はボヤで消し止められましたが……。

市中引き回しのうえ火あぶり

その場にいたお七が白状したため、すぐに捕えられ、お白州に引き出されます。

この時代、江戸では「火つけは一五歳を過ぎていれば火あぶりだが、一五歳になっていなければ島流し」という決まりがあったとか。そこでお七の心根の哀れさに加え、被害もボヤだったことから、なんとか命は助けてやりたいと、奉行が「お前は一五であったな?」。奉行の思いやりを察せられないお七は「いえ、一六でございます」。

お七は江戸市中引き回しのうえ、鈴ケ森の刑場で火あぶりに処せられました。

言い伝えによれば、お七の遺骸は密厳院に引き取られて、ねんごろに葬られました。そして、三回忌に彼女が住んでいた本郷小石川村の念仏講の人々がお七地蔵を建立しました。一説には、このお地蔵さまはもともと鈴ケ森にあったものが、一夜にして飛んできたという伝説もあるそうです。

この事件は、当時の江戸の庶民に衝撃を与えました。文字どおり「恋に身を焦がした」お七の霊をなぐさめようと、各地からお七地蔵にお参りする人はあとを絶ちませんでした。この人気がいまにつながっているのです。

乙女の恋の可憐さと悲しい最期に江戸庶民の共感

以上が井原西鶴『好色五人女』などに描かれたお七の物語のあらすじです。西鶴はこの物語を事件から三年後に出版し、その後、さまざまな人が伝記や物語を書き、歌

八百屋お七（月岡芳年）

舞伎や浄瑠璃、落語などでも演じられてきました。それだけお七の生き様は庶民の共感を呼ぶものがあったのでしょう。

ただ、さまざまな脚色が加えられて、事件の真相はよくわかっていません。

東京・文京区の「円乗寺」にも「八百屋お七の墓」があり、お七が吉三郎と出会ったという同区駒込の「吉祥寺」には「お七・吉三郎の比翼塚」（比翼塚は心中した男女を一緒に葬った塚）があります。

では、吉三郎はどうなったのでしょうか。

鈴ケ森でお七が処刑されたあと、吉三郎は西運という僧になり、全国を行脚して修行しました。また、多くの人から浄財の寄進を受け、さまざまな社会事業をおこなったといわれています。そしてある日、お七が夢枕に立ち、成仏したことを告げたので「お七地蔵尊」を建立しました。いま、このお地蔵さまと西運上人の像が目黒区の「大円寺」にあります。

密厳院 平安時代の初め、法印運誉が開創したと伝えられている。境内には聖徳太子を安置した太子堂があり、また、玉川八八カ所霊場の第七六番札所になっている。お七地蔵と並んで立っている庚申供養塔は寛文二年（一六六二）につくられたもので、庚申塔としては大田区内で二番目に古く、大田区の文化財に指定されている。

縁結び
美人祈願

美の三神を祀るビューティスポット

八坂神社《やさかじんじゃ》・美御前社《うつくしごぜんしゃ》

住所　京都府京都市東山区祇園町北側625番地
アクセス　京阪電車「祇園四条駅」から徒歩約5分　ほか

霊験あらたかな湧き水で美肌祈願

「美人になりた〜い」と願うなら、京都の八坂神社にぜひお詣りを。

この神社の末社である「美御前社」には、古代神話のなかでも美人の誉れ高い宗像三女神の多岐理毘売命《たぎりびめのみこと》、多岐津比売命《たぎつひめのみこと》、市杵《いちき》島比売命《しまひめのみこと》が祀られています。なかでも際立って美しいとされる市杵島比売命は、七福神の一神である弁財天（弁天さま）と同じ神さまとされ、また吉祥天も、市杵島比売命が化身してこの世にあらわれた姿だとされています。そこで美御前社は、財福、芸能、美貌の神さまとして信じられてきました。

社殿の前には、「美容水」と呼ばれる神水が湧き出しています。この水で顔などを清めれば、お肌はおろか心まで清く美しくなれると信じられ、顔のブツブツがきれいになった人もいるとか。ペットボトル持参の参拝者、ヘアメイクやメイクアップアーティストなど美容業界の関係者も大勢、お

美御前社の美容水

参りにくるそうです。八坂神社の裏は祇園の花街。芸妓さんや舞妓さんがお詣りする姿が、毎日のように見られます

京の夏を彩る祇園祭の山鉾巡行

「祇園さん」と親しまれている八坂神社には、一三三座三〇柱もの神さま（摂社、末社）が祀られ、それぞれの神さまにあやかったさまざまな神事・行事が一年じゅう休むことなくおこなわれています。

商売繁昌の神さま「えべっさん」（恵比寿）もいらっしゃいます。えべっさんが八坂神社に祀られるようになったのは平安時代といわれ、全国でも珍しく北向きに社をかまえていることから、「北向蛭子社」とも呼ばれます。

でも、なんといっても京都っ子がもっとも楽しみにしているのが、八坂神社最大の祭礼「祇園祭」。毎年七月一日の「吉符入」にはじまり、三一日の境内摂社「疫神社夏越祭」で幕を閉じるまで、一カ月にわたって神事・行事がくりひろげられます。

もっとも華やかで多くの観光客を集めるのは一七日の「山鉾巡行」。贅を尽くした山鉾は、本来は疫病などの災厄をもたらす疫神を鎮めるために、依り代として鉾や山を作り、町中を回ったもの。鉦や笛、太鼓のお囃子は、荒ぶる疫神（怨霊）を鎮めるためなのです。

お守り 美への開運を祈願する絵馬や、袋の「美守」がある。

行事 元旦の「白朮（をけら）祭」。御神火を灯籠にともし、人々の願いを記した「をけら木」と一緒に焚く。移した火を消さないように火縄をくるくる回しながらの「をけら詣り」は、京都の正月を代表する正月行事。持ち帰った「をけら火」は神棚の灯明にともしたり、燃え残った火縄は「火伏せのお守り」として、台所にお祀りする。一月三日「かるた始め式」は、境内の能舞台で古式ゆかしく十二単の装束を着ておこなわれる。一月一〇日「蛭子社祭」。二月二・三日「節分祈願祭」には、花街の芸妓さんの「舞踊奉納」で華やか。

その他のご利益 商売繁昌・家内安全・厄除・五穀豊穣　ほか

縁結び
美人祈願

伝説の美女にあやかる
美のパワースポット
御寺《みてら》泉涌寺《せんにゅうじ》・楊貴妃《ようきひ》観音堂《かんのんどう》

住所　京都府京都市東山区泉涌寺山内町27
アクセス　JR・京阪電車「東福寺駅」から徒歩約20分　ほか

唐の玄宗皇帝をメロメロにした楊貴妃

「そうだ　京都、行こう」というJR東海のCMはすっかり定番になりました。ここ泉涌寺も、あの画面のバックに映し出されていました。凛としたたたずまいが京都の雅《みやび》を伝えて印象的でした。

　鎌倉時代の四条天皇以来一四代の天皇陵のほか、皇妃、親王など三九の陵墓がある皇室ゆかりの「御寺」。そんな格式高いお寺が、なぜ美人祈願のご利益をくださるの？　じつは境内の小さなお堂に「楊貴妃観音」が祀られているから。クレオパトラか楊貴妃か、はたまた小野小町か。世界三大美人に数えられる楊貴妃の美しさに「あやかりたい」と願う若い女性に人気なのです。

　楊貴妃は、八世紀後半の唐の玄宗皇帝の愛妃。白居易の漢詩『長恨歌』に、楊貴妃に夢中になった玄宗は政治を顧みなくなったことが書かれています。朝廷では家臣の権力争いが激しくなり、ついには安禄山の反乱（安史の乱）が起きて、楊貴妃は自害。「傾国の美女」と呼ばれました。

泉涌寺の美人すぎる仏さま（聖観音像）は、玄宗皇帝が亡き楊貴妃を忍んで恋しさのあまり、生前の姿をそのまま写し彫らせたものとされ、いつしか楊貴妃観音と呼ばれるようになりました。

楊貴妃観音

神秘の微笑で女性たちの願いを聞き届ける

観音像は、中国・南宋時代の作。寛喜二年（一二三〇）、泉涌寺の二世、湛海《たんかい》律師が月蓋長者像などとともに請来されました。六体の羅漢像に見守られるように中央に端座する姿は、たおやかな美の象徴そのもの。

香木寄木づくりの仏様は、頭上には宝相華唐草透かし彫りの宝冠、手には宝相華をもち、アルカイックスマイルと呼ばれる神秘の微笑みをたたえています。美しい姿に魅せられる人々の願いを一身に浴びながら、美人祈願はいうに及ばず、良縁、安産などあらゆる女性の願いを聞き届けてくださるといわれるようになりました。

なかなか結婚しようとしない娘の将来を案じた母親がお参りしたところ、ほどなく良縁に恵まれたという話もあり、若い女性はもちろん、化粧品業界、エステティック・美容業界など、美にかかわる人たちのお参りも絶えません。かつては一〇〇年に一度しか開帳されなかった秘仏の観音像は、昭和三〇年（一九五五）から一般公開されるようになりました。鮮やかな彩色をいまにとどめる楊貴妃観音は重要文化財に指定されています。

お守り 楊貴妃の美しさにあやかった「美人祈願お守り」は、参拝者がこぞって買って帰ることで有名。

行事 毎年成人の日に福笹を持ってまわる泉涌寺参道の七福神めぐりが年々盛大に。即成院（福禄寿）、戒光寺（弁財天）、観音寺（恵比寿神）、来迎院（布袋尊）、雲龍院（大黒天）、悲田院（毘沙門天）、法音院（寿老人）が祀られ、番外として新善光寺の愛染明王、観音堂の楊貴妃観音を含めてまわる。

その他のご利益 良縁祈願・安産　ほか

縁結び
悪縁絶ち良縁祈願

悪縁切りのパワースポット
安井金比羅宮《やすいこんぴらぐう》

住所　京都府京都市東山区東大路松原上ル下弁天町70
アクセス　京阪本線「祇園四条駅」から徒歩10分　ほか

良縁、婚活で若い女性にも大人気

「安井のこんぴらさん」で知られる安井金比羅宮は、「悪縁を切り　良縁を結ぶ」ご利益で名高いところです。霊験のみなもとは境内にある「縁切り縁結び碑《いし》」。高さ一・五メートル、幅三メートルの絵馬の形をした巨石の中央に直径五〇センチほどの穴が開いていて、神さまの力が中央の亀裂をとおして穴に注がれているのだそうです。

「○○くんと幸せに結婚できますように」「夫と浮気相手の縁を切ってください」。そんな切実な願い事が書かれた「形代《かたしろ》」（身代わりのおふだ）が何層にも貼られて、もはやオリジナルの石の姿はどこにも見えないほど。お願いの作法は、まず本殿に参拝。次に形代に切りたい縁・結びたい縁などの願い事を書き、形代を持って願い事を念じながら碑の表から裏へと穴をくぐります。これが悪縁切りで、次に同じく願い事を念じながら裏から表へくぐって良縁を結びます。仕上げに、形代を碑に貼り付けます。

縁切り縁結び石

古来、男女の恋愛・結婚だけでなく、病気や不慮の事故、お酒やたばこ、賭けごとにいたるまで、霊験ありとされています。

崇徳天皇の怨霊パワーで人生をリセット

悪縁絶ちのご利益は、保元《ほうげん》の乱《らん》で讃岐に流された主祭神の崇徳天皇《すとくてんのう》が、讃岐の金比羅宮にいっさいの欲を断ち切って参籠《おこもり》をされ、仏教に帰依したことに由来しています。

白川法皇のご落胤説があって父親の鳥羽天皇からは疎まれ、異母弟の近衛天皇に呪いをかけて殺したと疑われ、はては戦によって愛する阿波内侍《あわのないし》と別れ別れになりと、不運つづきの人生だった崇徳天皇。そんな自身の悲しい境遇を嘆きつつ、あらゆるものへの欲を捨て、国家安泰を祈願しました。とはいえ、参籠しても恨みを捨て去ることはできなかったのでしょうか。最期は、舌を噛み切った血で「日本国の大悪魔になる」とまで書き、世を呪いながら亡くなったとも。「日本三大怨霊」と呼ばれた念の強い崇徳天皇のパワーにより、現世の悪縁を一刀両断してほしい。そんな願いが悪縁断ちの信仰として集積されたのでしょう。

一緒に祀られている大物主命は、縁結びの大祖。悪縁をすっぱり断ち切ってこそ良縁に恵まれるというもの。人生をリセットし、心機一転を誓う人におすすめ。

御祭神　崇徳天皇、大物主神（おおものぬしのかみ）、源頼政（みなもとのよりまさ）公。

お守り　「悪縁切御守」「えんむすび御守」は郵送もしてくれる。新年の豊かな実りと無病息災、庄福吉兆を祈る「稲宝来（いねほうらい）」は、京都の正月に欠かせない古式ゆかしいお飾り。

行事　祇園町に近いことから、花街の芸妓さんや舞妓さんも祈願に訪れる。九月第四月曜におこなわれる「櫛まつり」は、使い古した櫛やかんざしを供養するお祭り。伝統の髪型を地髪で結い上げた女性たちが祇園を練り歩く時代行列が人気だ。女性の美容美顔にご利益があるとされる。

その他のご利益　海上安全・交通安全　ほか

縁結び
恋愛成就

恋愛成就の仏さま
愛染堂松鬘院《あいぜんどうしょうまんいん》

住所 大阪府大阪市天王寺区夕陽ヶ丘町5－36
アクセス 地下鉄谷町線「四天王寺前夕陽ヶ丘駅」から徒歩約3分 ほか

憤怒の愛染明王が優しく運を開く

住吉、天神と並ぶ大阪三大夏祭りのひとつが、地元の人たちが親しみを込めて「愛染さん」と呼ぶ、この愛染堂松鬘院の「愛染まつり」です。「愛染娘」というイメージガールたちがくり出して、いや、にぎやかなこと。「やっぱり大阪やなあ」という感じです。

名前のとおり、ご本尊は「愛染明王」。優しそうなイメージですが、金堂に祀られているその姿は、全身燃えたぎるような赤、三つの目と六本の腕をもち、憤怒の形相をした仏さまです。しかし、これは衆生済度《しゅじょうさいど》のため、もろもろの悪者を追い返すためで、根はやはり優しくて、運を開いてくださる仏さまなのだそうです。

とりわけ良縁成就や結婚成就、夫婦円満に関してはさまざまな神さま仏さまのなかでも、その霊験は最強とだれもが認めるほどだとか。お寺のホームページにも、こんな表現があります。《その手に持たれた弓と矢で、愛のキューピッドのように人と人、心と心を結び付けます》まさしく〝恋愛の仏さま〟なのです。

「愛染かつら」は夫婦和合の霊木、愛染めの霊水も

その昔、『愛染かつら』という映画が若い女性たちの涙を誘って大ヒットしたことがありました。主演は、加山雄三のお父さんの上原謙と名女優、田中絹代のゴールデンコンビ。のちに鶴田浩二と京マチ子…ほかにもいくつか組み合わせがありましたが。愛染かつらの木の下で永遠の愛を誓いながら、幾多の誤解やすれ違いで、離れ離れにならねばならぬ二人……と、芝居がかってしまいましたが。

じつは、この愛染かつらの大木のモデルがこの境内にあるのです。

樹齢数百年の桂の巨木にノウゼンカズラが巻きついて一体となったその姿は、まるで仲の良い男女が寄り添っているように見えるところから、「恋愛成就・夫婦和合の霊木」として長いあいだ親しまれてきたのだそう。愛染明王とダブルのご加護というわけです。

ところがさらに、「愛染めの霊水」というのもあるのです。愛染は「藍染め」に通じるということで、昔はこの水で染物をすると色よく染まると言われ、藍染め商に篤く信仰されていた水ですが、現在はこの水

を飲めば愛嬌を授かり、開運、良縁成就・安産、出世、商売繁盛など思いのままの功徳があると、大人気とか。

お守り 素敵な人と仲良くなりたい人は「縁結び・良縁成就」。ずっと仲良しラブラブ夫婦なら「夫婦和合」。もっとモテモテになりたい人は「愛嬌開運」。身も心も美人になりたい人は「美人祈願」。嫌な人と関係を断ち切りたい人は「縁切祈願」ほか。

行事 毎年六月三〇日から三日間おこなわれる「愛染まつり」は、日本で一番早い夏祭り。紅白の布と愛染かつらの花などの造花で飾った宝恵駕籠（ほえかご）に、浴衣姿の愛染娘たちを乗せて、「愛染さんじゃ～！ ホ・エ・カッ・ゴ～」の掛け声とともに谷町筋を練り歩く宝恵パレードが人気。

その他のご祈祷・供養 合格祈願・学業成就・諸芸上達・身体健全・交通安全・水子供養 ほか

縁結び
恋愛成就・家族円満

縁結び占いの池が女性たちに大人気
八重垣神社《やえがきじんじゃ》

住所　島根県松江市佐草町227
アクセス　JR山陰本線「松江駅」からバスで約25分　ほか

稲田姫命にあやかる「鏡の池」のコイン占い

島根県松江市の八重垣神社は、出雲大社と並ぶ婚活パワースポットです。良縁祈願に訪れる女性参拝者のお目当ては、神社の奥の森にある鏡の池（姿見の池）のコイン占い。

社務所でもらった用紙に一〇円（または一〇〇円）硬貨を乗せて、池の水面にそ～っと浮かべ、硬貨が沈むまでひたすら待つというもの。

早く（一五分以内）沈めば良縁が早く、遅く（一五分以上）沈むほど縁遠いというのです。

また、岸の近くで沈むと身近な人に嫁ぐことができ、遠ければ遠方に住む人と結ばれるという印なのだとか。縁結びの神さまのご加護により、この占いの的中率が高いと大評判です。

主祭神の素戔嗚尊《すさのおのみこと》と稲田姫命《いなたひめのみこと》は、日本神話で初めて正式な結婚をした夫婦神。地元には、「早く出雲の八重垣様に、縁の結びが願いたい」という古い民謡があるほど、夫婦円満、縁結びにゆかりの大神として信仰を集めています。

鏡の池のある森は、有名な「八岐大蛇《やまたのおろち》」伝説で、素戔嗚尊が稲田姫命を大蛇から隠した場所。

小泉八雲が「神秘の森」と呼んだ佐久佐《さくさ》女《め》の森に隠れているあいだ、稲田姫命が水を飲んだり、姿を映して身繕いをしたと伝えられ、こんこんと清水が湧き出て枯れることのない湧水池は、いまも美しい水をたたえています。

三本の夫婦椿は夫婦円満のシンボル

御祭神の新婚生活の地というだけあって、神社内には夫婦円満のさまざまなシンボルがあります。森には神聖な夫婦杉の巨木があり、境内には、多くの椿。なかでも一心同体・愛の象徴といわれるのが、三本の「夫婦椿（連理玉椿）」です。二本の幹が途中から一本になっている「夫婦椿」で、年によっては二つに分かれた葉が現れたり、一度枯れてもまた新しい二股の木が生えてくるのだそう。

鏡の池入り口にあるのは「子宝椿」とも呼ばれますが、二柱のご神徳のあらわれと神聖視されています。

手水に連理ふう二股の竹の灼が並ぶのも、神社の粋なおはからいでしょうか。どんなにケンカをしても、いつまでも仲良く夫婦でいられますように。夫婦円満のご利益をいただきに多くの人が訪れる理由です。

五月三日の「身隠し神事」は、神話故事にならったもの。鏡の池の水で炊いた名残のご膳を備えて行います。

稲田姫命の分霊を御輿に移して行列を仕立て、「ヤイトウ、マイトウ」と連呼しながら本殿まわりから夫婦杉まで練り歩いたあと、夫婦杉の前に安置して、八重の垣を巡らして終わります。

この神事を目撃すると、良縁に恵まれるというジンクスもあるようです。

日本最古の障壁画が残る宝物殿

また、宝物殿には、素戔嗚尊と稲田姫命の姿を描いた壁画「板絵著色神像」があります。稲田姫命の絵はもっとも保存状態がよく、鮮やかな唇の紅まで残っているようです。板壁は、年輪年代測定法によって一三世紀に伐採された杉板ということがわかっていて、神社の障壁画としては日本最古の貴重なもの。国の重要文化財に指定されています。

「八雲立つ　出雲八重垣　妻込みに
　八重垣造る　その八重垣を」

大蛇を退治して、正式に稲田姫命をめとった喜びを素戔嗚尊が詠んだものです。旧名を佐久佐社でしたが、明治になってからこの歌にちなんで改称されました。これが三十一文字で詠んだ日本最初の古歌とされるため、素戔嗚尊は芸能の神さまとしても崇められ、和歌上達や芸道上達のご利益もあるのだそうです。

お守り 赤と白の糸をよりあわせた「縁結びの糸」が人気。糸束から赤と白の糸を取り出し、男性は白い糸、女性は赤い糸で、ふだん着ている衣服の裾を縫ったり、ボタンをつけたりするときに用いると、恋愛が成就するとされる。

地元商店街 松江市内の京店商店街の紺屋小路通りに、「ハートの石畳」呼ばれる大小二つの石畳がある。一方のハートの上に立って良縁を願うと、もう一方を踏んだ人と結ばれるのだとか。

その他のご利益 夫婦和合・授児・安産・厄難除・災難除・和歌上達　ほか

縁結び
夫婦円満

天孫降臨の地のパワースポット

高千穂神社《たかちほじんじゃ》

住所　宮崎県西臼杵郡高千穂町大字三田井1037

アクセス　JR日豊本線延岡駅から宮崎交通バス「高千穂バス センター」行きで80分、終点で下車し徒歩15分　ほか

山頭火も吟じた神話の国の自然の神秘

分け入っても分け入っても青い山

高千穂神社奥の遊歩道に、こんな句碑が立っています。作者は種田山頭火《たねださんとうか》。昭和一五年（一九三五）に五七歳で没するまでの生涯のうち、晩年の一四年を僧の姿に身をやつし、物乞いをしながら各地を旅した自由律俳句の作家で、「漂泊の俳人」と呼ばれました。

この句は熊本県の最東端、馬見原から高千穂へ行く途中の作であろうといわれています。

いまでは国道二一八号線が通じる便利な道ですが、山頭火がこの地方を旅した大正末期から昭和のはじめは、行けども尽きぬ細くて険しい山道と青い山並みが続いていたのでしょう。

そうしてたどり着いた高千穂峡は「天孫降臨の地」。天照大神《あまてらすおおみかみ》に「地上の国を治め

るよう」命じられた瓊瓊杵尊《ににぎのみこと》が、多くの神を従えて、高天原から降り立ったところとされています。

そこからさまざまな神話が生まれて、のちの世に多くの神社が建立されました。その数八八社、それらの総社、つまり取りまとめ役が高千穂神社です。

なにがあっても離れない「夫婦杉」にお願いすれば

高千穂神社の境内に、根元がひとつになった二本の杉の大木が立っています。樹齢は約八〇〇年。なにがあっても離れることのないその姿から「夫婦杉《めおとすぎ》」と呼ばれ、夫婦円満、家内安全、子孫繁栄の願いをかなえてくれる霊木とされています。

好きな相手と手をつないで、周囲を三回まわると幸せがかなうとされ、恋人たちにも大人気です。

高千穂峡谷には、神話にちなむ名所が数多くあります。

「真名井の滝」は天孫降臨の際、天村雲命《あめのむらくものみこと》が水のなかったこの地に水種を移したところとされる滝。

「天安河原《あまのやすかわら》」は天照大神の岩戸隠れの際、八百万《やおよろず》の神々が集まって相談したところ。

はるかなる神代はここに創まりぬ

　高千穂の山青くして

六〇代半ばにして人妻と愛し合い、自殺

未遂までした芸術院賞歌人、川田順の歌です。

なぜ、高千穂の山々は「青い」のか。それは人の力の及ばない清浄と神秘。

川田は恋を実らせました。

ご祭神　神日本磐余彦（かむやまといわれひこのみこと＝神武天皇）の兄の三毛入野命（みけいりのみこと）をはじめ、皇子女一〇柱を祀っている。境内には稲荷社、荒立神社・四皇子社、門守神、八坂神社、御霊社、羽居高天神、比波里天神、鎮守社などがある。

文化財　重要文化財（国指定）＝鉄造狛犬一対、本殿。宮崎県指定有形文化財＝神像四躯。高千穂町指定文化財＝神面九面。高千穂神社文書、秩父杉。

その他のご利益　縁結び・夫婦円満ほか

◇参拝の作法

[鳥居の前で]

鳥居には、神聖な世界と人間の俗界との境界線という意味があります。

ですから、鳥居の前に立ったら服装の乱れを整え、一礼してからくぐります。鳥居を神様の家の玄関と考え、「ごめんくださいい、お邪魔します」とあいさつをするわけです。

また、鳥居をくぐるときも参道を歩くときも、なるべく端のほうを歩くようにしましょう。中央は「正中」といって、神様の通る道だからです。

そして最後に、帰るときも本殿に向かって一礼してから鳥居をくぐります。

[手水の意味]

参拝の前には、手水舎で俗界の穢れを清めなければいけません。ひしゃくにたっぷりすくった一杯の水で手を洗い、口をすすぐのです。つまり、略式のみそぎです。

ですから神様に失礼なこと（人に対しても同じですが）、たとえばひしゃくで水を何度もくんだり、直接口をつけたり、飲み干したり、うがいをして音を立てて吐き出したりしてはいけません。マナーをきちんと守り、心と体を清めてお参りの準備をしましょう。

やり方は次のとおりです。なお、これらの一連の所作は、最初にくんだ一杯の水ですべて行います。

①まず、ひしゃくを右手に持ち水をたっぷりすくい、左手を洗います。
②ひしゃくを左手に持ちかえて、右手を洗います。
③もう一度ひしゃくを右手に持ちかえ、左手に水を溜め口をすすぎます。そして、その左手をもう一度洗います。
④左手を添えながらひしゃくの柄を垂直に立て、残った水を柄に伝わせるようにして洗い、もとの場所に伏せて戻します。

【二礼二拍手一礼の意味】

お賽銭を奉納し、鈴を鳴らしたあとは［二礼二拍手一礼］といわれますが、どうしてなのでしょうか。そこには、このような意味があります。

①二礼………人と人が出会ってもお辞儀をしますが、お相手は神様ですから、敬意

を表してさらにもう一度、深く腰を曲げて頭を下げるのです。

②二拍手……これも、神様に願いを伝えるための大事な作法です。このとき、構えが肝心です。両手をぴったり合わせるのではなく、右手を少し下にずらして柏手を打つ。「右手は体、左手は心」とし、体を一歩引かせて神様を敬うのです。また、柏手を打つときはしっかり音をたてることが肝心。良い音をたてることで邪気をはらい、神様への崇敬を表すことになるからです。

③一礼……最後の礼は、神様へ感謝の気持ちを込めて、締めのあいさつをするのです。

このような参拝方法が一般的ですが、伊勢神宮では八拍手、出雲大社では四拍手など、神社によって作法が異なるところも。参拝した神社のやり方に則ったほうがいいかもしれませんが、形ではなく澄んだ心でお祈りすれば神様に届くのではないでしょうか。

【その他の縁結び神社】

浦幌神社（うらほろじんじゃ）
住所 北海道十勝郡浦幌町字東山町18－1　アクセス JR「浦幌駅」から徒歩12分

宝珠山立石寺（ほうじゅさんりっしゃくじ）
住所 山形県山形市山寺4456－1　アクセス JR「山形駅」から車で30分

三峯神社（みつみねじんじゃ）
住所 埼玉県秩父市三峰298－1　アクセス 西武鉄道「西武秩父駅」からバス

法明寺雑司ヶ谷鬼子母神堂（ほうみょうじぞうしがやきしもじんどう）
住所 東京都豊島区雑司ヶ谷3－15－20　アクセス JR「池袋駅」から徒歩15分

夫婦木神社（めおとぎじんじゃ）
住所 東京都新宿区大久保2－27－18　アクセス JR山手線「新大久保駅」から徒歩7分

高尾山薬王院（たかおさんやくおういん）
住所 東京都八王子市高尾町2177　アクセス 京王線「高尾山口駅」から徒歩3分、「清滝駅」から高尾登山電鉄ケーブルカー「高尾山駅」下車、徒歩20分

富士山本宮浅間大社（ふじさんほんぐうせんげんたいしゃ）
住所 静岡県富士宮市宮町1－1　アクセス JR身延線「富士宮駅」から徒歩10分

御胎内神社（おたいないじんじゃ）
住所 静岡県御殿場市印野1382－1　アクセス ＪＲ御殿場線「御殿場駅」からバスで20分

伊豆山神社（いずさんじんじゃ）
住所 静岡県熱海市伊豆山708－1　アクセス ＪＲ「熱海駅」からバスで10分

氣多大社（けたたいしゃ）
住所 石川県羽咋市寺家町ク1－1　アクセス ＪＲ七尾線「羽咋駅」からバスで10分

京都地主神社（きょうとじしゅじんじゃ）
住所 京都府京都市東山区清水一丁目317　アクセス ＪＲ「京都駅」から車で15分

下鴨神社内相生社（しもがもじんじゃないあいおいしゃ）
住所 京都府京都市左京区下鴨泉川町59　アクセス 京阪電鉄鴨東線「出町柳駅」から徒歩10分

頂法寺六角堂（ちょうほうじろっかくどう）
住所 京都府京都市中京区六角町東洞院西入堂之前町　アクセス 京都市営地下鉄「烏丸御池駅」から徒歩3分

生田神社（いくたじんじゃ）
住所 兵庫県神戸市中央区下山手通1－2－1　アクセス ＪＲ「三ノ宮駅」から徒歩10分

二見興玉神社（ふたみおきたまじんじゃ）
住所 三重県伊勢市二見町江575　アクセス ＪＲ参宮線「二見浦駅」から徒歩15分

卯子酉神社（うねどりじんじゃ）
住所 岩手県遠野市下組町 アクセス ＪＲ「遠野駅」から車で8分

吉備津神社（きびつじんじゃ）
住所 岡山県岡山市北区吉備津931 アクセス ＪＲ吉備線「吉備津駅」から徒歩15分

恋木神社（こいのきじんじゃ）
住所 福岡県筑後市水田62－1 アクセス ＪＲ「羽犬塚駅」から徒歩20分

都萬神社（つまじんじゃ）
住所 宮崎県西都市妻1 アクセス ＪＲ「宮崎駅」からバス（乗り換えあり）

阿蘇神社（あそじんじゃ）
住所 熊本県阿蘇市一の宮町宮地3083－1 アクセス ＪＲ豊肥線「宮地駅」から徒歩15分

2章

金運・勝運・商売繁盛の御利益

御利益
商売繁盛

神田神社《かんだじんじゃ》

江戸と東京が交差する古社

住所　東京都千代田区外神田2-16-2
アクセス　JR中央線・地下鉄丸ノ内線「御茶ノ水駅」から徒歩5分、JR山手線「秋葉原駅」から徒歩7分　ほか

〝会社ぐるみで初詣〟の発祥の神社

「神田明神」の通称で知られる神田神社は、一三〇〇年近い歴史がある古社です。

同社がある外神田界隈は、高層ビル群と戦前からの古い建物が同居する街。名だたる企業がひしめく大手町・丸の内、老舗の店舗が軒を連ねる日本橋、アニメファンのワンダーランドである秋葉原などに囲まれ、下町らしい雑多な活気にあふれています。

ふだんからビジネスマンや近所の人の姿をよく見かけますが、お正月には、それほど広くない境内はギューギュー詰めの大にぎわいです。場所がら、社員総出で初詣する企業が多いことでも有名ですが、企業が初詣する習慣は、じつは神田神社を中心に広がったものだそうです。

天平二年（七三〇）、出雲氏族の真神田臣《まかんだおみ》によって創建された神田神社は、その後、江戸幕府の引き立てもあり、江戸総鎮守として広く信仰を集めるようになりました。

いまも、東京の都心にある百八町会の総氏

神です。

御祭神はだいこく様、えびす様、まさかど様です。それぞれの正式な名前は大己貴神《おおなむちのかみ》、少名毘古那神《すくなひこなのかみ》、平将門命《たいらのまさかどのみこと》で、順番に縁結び、商売繁盛、厄除開運がおもなご利益になっています。

銭形平次にも会える

軒が密集した江戸の町は「火事と喧嘩《けんか》は江戸の華」といわれるくらい火事の多いところでしたが、この神田神社は火災から何度もよみがえった神社です。最初は明暦三年（一六五七）で、「振り袖火事」と呼ばれる江戸の大半が被災した大火で炎上。このときは四代将軍の徳川家綱が復活させました。また元禄一六年（一七〇三）の「水戸様火事」のときは、五代将軍の綱吉が再興。そして大正一二年（一九二三）には関東大震災でまたもや焼失。そのあと社殿を鉄筋コンクリートづくりにしたので、その後の昭和二〇年（一九四五）の東京大空襲では難を逃れることができました。つまり、当社は幾多の厄災を生き延びてきた神社といえるでしょう。

ちなみに、コンクリートづくりの社殿というのはおそらく神田神社が日本初で、登録有形文化財になっています。

また、社殿の裏手には摂社がいくつかありますが、そのひとつが江戸最古といわれる江戸神社。そこには江戸庶民のヒーローの碑があります。といっても、そのヒーローとは野村胡堂の小説『銭形平次捕物控』の主人公、目明かしの銭形平次。

この小説はテレビドラマにも映画にもなりましたが、大川橋蔵主演のテレビドラマは一八年間にわたり計八八八回放送されるというギネス記録をもつ人気番組でした。八百八町のヒーロー物語が放送八八八回という、八並びも粋な偶然かもしれません。この碑は放送途中の昭和四五年(一九七〇)に、映画界や出版界有志によって建立されたもので、平次の隣には、子分の八五郎の小さな碑も寄り添っています。

このように、見どころが多いのもこの神社の魅力のひとつです。

お守り 徳川家康公が関が原の合戦に当社の勝守を授かり勝利を得たことが起源の「勝守」は、商売の取り引き、勝負、入試などに霊験あらたかとされる。また、ソフトウエアやIT関連の会社からの崇敬が篤いことから「IT情報安全守護」も人気。これは秋葉原電気街を氏子にもつ神田神社独自のコンピュータ、携帯電話のお守りで、パソコンや携帯電話などのIT機器を、ウィルスや迷惑メールから守ってくれる。

お祭り 山王祭、深川祭とともに江戸三大祭りのひとつであり、京都の祇園祭、大阪の天神祭とともに日本三大祭りのひとつでもある「神田祭」。五月中旬に、各町の町神輿が一斉に練り歩く。

その他のご利益 家庭円満・縁結び・除災厄除け　ほか

御利益
商売繁盛

海外のアニメファンも訪れる神代から続く神社
鷲宮神社《わしのみやじんじゃ》

アニメ効果で参拝者が一気に増加

鷲宮神社は、関東ではもっとも古い大社と伝えられますが、京都や奈良から時の権力者が関東に進出する際、関東の鎮守としての神を祀るために建立したそうです。その後、日本武尊《やまとたける》をはじめ、坂上田村麻呂や源義家、源頼朝らが崇敬し、当社で武運長久を祈ったといわれます。

御祭神は天穂日命《あめのほひのみこと》、武夷鳥命《たけひなとりのみこと》、大己貴命《おほなむぢのみこと》の三神で、ご利益は商売繁盛・出世金運、交通安全、縁結び・家内安全などです。

このように、神代からの歴史をもつ神社ですが、以前は地元の人々が訪れるくらいのひっそりとした神社でした。ところが、二〇〇七年からテレビ放送されたアニメ『らき☆すた』のモデルになった神社として知られるようになると、アニメファンが押し寄せはじめました。二〇〇六年までは、初詣の参拝者数はおよそ九万人だったのですが、いまでは四〇万人以上というにぎわいぶりです。

住所　埼玉県久喜市鷲宮1-6-1
アクセス　東武伊勢崎線「鷲宮駅」から徒歩8分ほか

商売繁盛のご利益がある、主祭神の天穂日命の霊験かもしれません。

若者の熱気で世の中を照らす

アニメのイラスト入りの絵馬が奉納され、さまざまなお願い事をする若者であふれる光景に、神社も地元の人たちも最初はびっくりしていましたが、この現象は町おこしへと発展しました。いまでは町ぐるみで遠方からの参拝者の受け入れに取り組んでいます。台湾や韓国、香港からのアニメファンも参拝に訪れているそうです。

アニメを発端に盛り上がりを見せている当社ですが、前代未聞の参拝者数、それも若者がこれだけ増えるというのは、全国でも珍しい例でしょう。この機に、パワフルなご利益をいただきに参拝するのもいいかもしれません。

お祭り 一二月の初酉の日には「大酉祭」が行われる。いわゆる酉の市で熊手など縁起物が並び、商売繁盛を祈願する人々でにぎわう。

お神楽 鷲宮神社で奉演される「鷲宮催馬楽神楽」は、関東神楽の源流とされている。伝承者がいなくなり消滅する危機もあったが、昭和三〇年代に町内の若者十数人が集まって保存会を組織し、現在は「鷲宮催馬楽神楽保存会」として伝承活動を行っている。保存会では大人から小学生までが活動している。

その他のご利益 家内安全・縁結び・除災厄除け　ほか

御利益
商売繁盛

仕事の旗揚げに効果絶大
三嶋大社《みしまたいしゃ》

住所　静岡県三島市大宮町2－1－5
アクセス　JR東海道線・東海道新幹線「三島駅」から徒歩7分、伊豆箱根鉄道「三島田町駅」から徒歩7分　ほか

源頼朝が源氏再興の旗揚げを祈願し、成功

源義朝が平治の乱に破れたとき、一三歳だった息子の頼朝が伊豆に流刑となった話はよく知られていますが、のちに頼朝が源氏の再興を祈願して百日参りをしたのが三嶋大社です。

三嶋大社は、もともと富士火山帯の神として古くから信仰されてきました。創建は定かではありませんが、神話によると、富士の御神霊であり、豊穣の神様である「木《この》花之佐久夜毘売命《はなさくやひめのみこと》」が山の神である父の「大山祇命《おおやまつみのみこと》」から富士山を譲り受け、その父を祀ったのが三嶋大社だといわれています。

もう一人の御祭神「積羽八重事代主神《つみはやえことしろぬしのかみ》」は、恵比寿さまともいわれる商売繁盛の神様です。この二神は合わせて三嶋大明神と呼ばれ、長く親しまれていました。

そして、頼朝が三嶋大社祭礼の夜に出陣し旗揚げに成功したことから、鎌倉時代以降は「勝負の神」「旗揚げの神」として武

将たちはもちろん、庶民にも篤く信仰されるようになったのです。

いまもこの頼朝の旗揚げ成功にあやかって、「仕事運をアップしたい」「新たに事業をおこしたい」「思いきった勝負に出たい」ときなどにお参りすると運が開けると、参拝者が引きも切らない人気の神社です。

また、境内の池のほとりにある、頼朝の妻、北条政子が安芸から分霊した厳島神社も、商売繁盛のご利益があると信仰されています。

パワースポットは樹齢一二〇〇年のキンモクセイの大木の下

三嶋大社は旧東海道に面し、伊豆につながる下田街道の起点になっているため、東海道三島宿は三嶋大社を中心に発展しました。これは、のちに安藤広重の浮世絵「東海道五十三次」にも当社の鳥居が描かれていることからもよくわかります。

このような宿場ができるはるか昔のことですが、頼朝の旗揚げ成功のことも、御祭神の三嶋大明神の名も、この旧街道を行く旅人たちによって全国に広がったのでしょう。いまも、三嶋大社の八月一六日の例祭では、頼朝公の旗揚出陣奉告祭が行われています。

また、当社で強力なパワースポットとされているのが、国の天然記念物にも指定されている御神木です。一二〇〇年を超えるという、驚異の樹齢のキンモクセイで、その香りはなんと八キロメートル四方に届くそうです。さらに、このキンモクセイは二度咲くことでも有名。いまも咲きほこるキンモクセイの芳香を、あの源頼朝も楽しんだに違いありません。

商売繁盛を祈願したあとは、頼朝の時代に思いをはせながら散策してみるのも一興です。

お守り　「折紙神像（おりがみしんぞう）」は、全国でも珍しい和紙で折った手づくりの神様である。縁起の良い恵比寿様と大黒様がセットになり、和紙を折りたたんで開閉できるようになった「たとう」に入れられている商売繁盛・家内安全のお守りだ。

お祭り　「三嶋大社例祭」は八月一五～一七日に行われる夏祭りで、静岡県東部で最大規模の例祭。三嶋大社に残る伝統芸能や、武田流「流鏑馬」が披露されるが、とくに代表的なのは各町持ち回りで行う「山車引き廻し」と、その山車台上で囃す「三島囃子（しゃぎり）」、子供シャギリ」である。

見どころ　頼朝の妻、北条政子の奉納と伝えられる、当時の最高技術を結集させた国宝「梅蒔絵手箱及び内容品一具（化粧用具一式が収められた鎌倉時代の漆工芸品）」などがある宝物館／頼朝が平家追討の百日祈願をしたときに夫婦で腰をおろした「腰掛石」／若山牧水の歌碑／松尾芭蕉の句碑

その他のご利益　家内安全・農林漁業の隆盛　ほか

御利益
商売繁盛

大阪の「えべっさん」は日本屈指の商売の神
今宮戎神社《いまみやえびすじんじゃ》

住所　大阪府大阪市浪速区恵美須西1－6－10
アクセス　南海高野線「今宮戎駅」すぐ、地下鉄堺筋線「大国町駅」「恵美須町駅」から各徒歩5分　ほか

漁の神から商売の神へ

商売繁盛の神様「えべっさん」として知られる今宮戎神社は、浪速のシンボル通天閣の真下にあります。推古八年（六〇〇）、聖徳太子が四天王寺を建立したときに西方の守護神として祀られたのが始まりとされています。御祭神は〝えびす様〟として人気を集める事代主命《ことしろぬしのみこと》など三神。

創建当時、このあたりは海岸沿いだったため、海の幸や山の幸、さまざまなものを物々交換する「市」が開かれていました。その市の守り神としても、当社のえびす様が祀られたそうです。えびす様はもともと漁業の神様でしたが、その後、江戸時代になると大阪は「天下の台所」としていっそう繁栄し、えびす様は商業を守る神様としてますます篤く信仰されるようになりました。「十日戎」の行事もこのころからすでに現在と同じように行われ、にぎわいを見せていたといいます。十日戎の様子は延宝三年（一六七五）の「葦分舟」にも描かれ

ていますが、これは現存するもっとも古い大阪案内図です。

神社は昭和二〇年（一九四五）の大阪大空襲で焼失してしまいましたが、昭和三一年には木造の本殿が復興し、十日戎もよみがえりました。

耳の遠いえべっさんには念押しを

いまも今宮戎神社の商売繁盛のご利益は日本屈指といえますが、毎年一月九日から一一日までの三日間で行われる十日戎には、小さな社に商売繁盛を願う百万人以上の人々が押し寄せ、押すな押すなの大にぎわいになります。「商売繁盛で、笹もってこい！」という威勢の良いかけ声があちこちで飛び交う様は、これ以上ないくらいの活気にあふれ、出店も隣り駅までひと駅分もの長さで連なるなど、その光景は新春の風物詩になっています。

参拝者は本殿にお参りし、「今年もよろしく」とえべっさんを拝み、授かった笹に吉兆とよばれる小宝でお飾りをつけてもらいますが、この小宝は、願い事の優先順位によって変わってきます。そのあと、本殿の裏側に回り、金のドラを叩いて「聞こえてまっか？　しっかり頼んまっせ」と、えべっさんに念押しをします。理由はわかりませんが、地元ではえべっさんは耳が遠いといわれているため、ドラを叩きながら大きな声で願い事をするのだそうです。

このドラには千社札や名刺、お店のシールなどが所狭しと貼られています。宮司さんによれば、ドラに貼ることはご利益とは関係ないそうですが、これも参拝者たちのえべっさんへのさらなる念押しでしょう。

一月一〇日の本戎には芸者さんを乗せた宝恵駕籠《ほえかご》も繰り出し、芸能人やスポーツ選手なども加わってパレードが行われますが、まさに大阪らしい、にぎやかなお祭りです。

ちなみに、十日戎で奉仕をする〝福むすめ〟は満一八歳から二三歳までの女性。毎年公募され最終的に四〇名が選ばれますが、応募者は毎年三〇〇〇人を超えるほどの高倍率です。アナウンサーの輩出率も高く、就職やお見合いに有利な肩書きにもなるといわれているため、この狭き門に応募者が殺到するようです。

お守り 商売繁盛を叶えてくれそうなえびす様がニコニコしている「えびす守」、名前のとおり小判型の「福小判」が人気。

行事 「こどもえびす祭」は七月下旬、真夏に行われる子どものためのお祭り。境内に設けた雪のスロープをソリで滑り降りたり、わんぱく紙ずもう、的当てなど、お楽しみ満載のイベントだ。

その他のご利益 五穀豊穣・縁結び・金運向上・交通安全　ほか

御利益
商売繁盛

商売繁盛のご利益ナンバーワンの、稲荷神社の総本宮
伏見稲荷大社《ふしみいなりたいしゃ》

住所　京都府京都市伏見区深草薮之内町68
アクセス　ＪＲ奈良線「稲荷駅」下車すぐ、京阪電車「伏見稲荷駅」から徒歩5分　ほか

奉納された一万本以上の鳥居が圧巻

テレビドラマやＣＭでもおなじみの、延々と続く朱色のアーケード。京都で、いえ日本でもっとも有名な神社のひとつ、伏見稲荷大社の「千本鳥居」には見覚えがあるのではないでしょうか。その数だけでも壮観です。

伏見稲荷大社は、東山三六峰のひとつである稲荷山全体を神社としているので、晴れた日に緑の中に連なる朱色のアーケードを歩くと、幻想的なくらい美しい光と影に満ちています。

この朱色のアーケードは、商売繁盛のご利益を願って、また、願いがかなったお礼のために奉納された鳥居ですが、柱には奉納した企業名や個人名が書かれています。参拝者が鳥居を奉納するのは江戸時代からはじまったようで、すきまなく立てられたその数は「千本」と称されているものの、実際には一万本を超えているとか。

鳥居と同じ朱色の本殿で参拝したあと、本殿脇を進めば千本鳥居の入り口です。千本鳥居は参道になっているのですが、この鳥居のアーケードを抜け、さらにお山めぐりをする全行程をたどると二時間はかかるそうです。

ところで、商売繁盛を祈願するなら、そのような散策には注意をしなければなりません。

なぜかといえば、商売繁盛のご利益をいただくためには、ほかの摂社や末社、または見どころスポットには立ち寄らず、伏見稲荷にだけ参拝し、そのあとはすぐに仕事の場所に戻るようにしなければならない、といわれているからです。寄り道をすると、せっかく授かったパワーが弱まってしまうらしいのです。これは、近所のお稲荷さんに参拝したときも同じかもしれません。

お稲荷さんを拝んだら、ゆっくりほかのところを見て歩くのは別の機会にしたほうがよさそうです。

根上の松にも参拝しよう

伏見稲荷大社の創建は和銅四年（七一一）とされ、全国に三万を超える稲荷神社の総本宮です。主祭神は「宇迦之御魂大神《うかのみたまのおおかみ》」で、穀物の神様。五穀豊穣のご利益で信仰されてきましたが、江戸時代のころからは商売繁盛の神様として人気を集め、全国に広がりました。

江戸では「伊勢屋（伊勢の商人）、稲荷（お稲荷さん）に、犬の糞」というフレーズがはやりましたが、それくらい稲荷神社は〝どこにでもあるありふれたもの〟のひとつになっていったのです。

さて、お山ひとつが境内ですから、伏見稲荷神社には見どころがたくさんあります。

そのなかから、「商売繁盛」にご利益があるものを紹介すると、千本鳥居を抜けたところにある「根上《ねあがり》の松」。

これは松の根が二股になっているものですが、株価や給料の値上がりを祈願して、この松に手を合わせる人が大勢います。ちなみに、この松は膝にも見えることから「膝松さん」とも呼ばれていて、木の根もとをくぐると「足腰の病が治る」ともいわれています。

ほかにも、門口の盛り塩にする「清め砂」や「伏見の水」など、ご利益を授けてくれるものはさまざまありますので、散策めあてのときは、ゆっくりと回ってみるのもいいでしょう。

お守り 商売繁盛のほか、為したいことが成就する「為事守《しごと》」や願いが叶う「達成守」など。

お祭り 四月二〇日から五月三日まで二週間にわたって行われる「稲荷祭」は平安時代から続く伝統の祭典で、華麗な神輿が町中を巡幸する。

絵馬 逆三角形のキツネの絵馬は、表側にキツネの顔を描き入れ、裏側に願い事を書き込むというもの。さまざまな顔のキツネを眺めるだけで楽しい。

試してみよう 「おもかる石」は千本鳥居を抜けた奥社の近くにあるが、一対の石灯籠の前で祈願し、つり下げてある空輪を持ち上げてみる。思ったよりも軽ければ願いが叶い、重ければ叶うのはむずかしいといわれている。

その他のご利益 学業成就・五穀豊穣・家内安全・万病平癒　ほか

御利益
出世

これこそが〝結構〟な神社
日光東照宮《にっこうとうしょうぐう》

徳川の威光を超えて素晴らしい社殿群

イタリアには「ナポリを見てから死ね」という有名な言葉がありますが、日本には「日光を見ずして結構と言うなかれ」があります。

ご存知のように、東照宮こそ〝結構〟というにふさわしい美しさで、それを見ないうちは、その言葉は使ってはいけないという意味です。

住所　栃木県日光市山内2301
アクセス　東武日光線「東武日光駅」からバス10分　ほか

徳川家康を御祭神として祀る東照宮は、家康が亡くなった翌年の元和三年（一六一七）に創建されました。正式な名称は〝日光〟はつけない「東照宮」ですが、分霊された神社が各地にあるため、区別するため「日光東照宮」と呼ばれています。

当社は、その絢爛豪華な建築でも有名ですが、意外にも最初はもっと質素なものだったそうです。

現存する建物のほとんどは、孫の三代将軍家光公が徳川家の威光を示すため、尊敬

陽明門

するお祖父さんのために、伊勢神宮などが二〇年ごとに遷宮をするにならって「寛永の大造営」を実施し、お金と人手に糸目をつけずに建て替えたものです。

なにしろ、総工費は金五六万八〇〇〇両に銀一〇〇貫目、米一〇〇〇石といいます。といってもわかりにくいですが、いまのお金に換算して四〇〇〇億円以上というから驚きます。

しかも三五棟もの社殿を建て替えたというのに、工期はたったの一年五カ月。目を見張るスピードですが、全国の名工や絵師たちを延べ四五万人もかき集めたというのですから、それをなし得たことも納得できます。

二重にも三重にも強力なパワースポット

日光東照宮は五五棟の社殿群が国指定文化財に指定されているほか、平成一一年（一九九九）には世界文化遺産に登録されました。

また、当社は自然と一体になった規模からいっても、陰陽道と結びついた構造からいっても、日本有数のパワースポットといわれています。

陰陽道と結びついているということに少しふれておくと、本殿前の陽明門と青銅鳥居を結んだ上空に北極星がくるようにつくられ、その線を真南に進めば江戸に着くようになっています。

また、主要な社殿を線で結ぶと北斗七星の配置とまったく同じに設計されている、という具合なのです。

そのため、陽明門の前のあたりは「北辰（北極星）の道」と呼ばれています。

また、名工、左甚五郎作の「見ざる・聞かざる・言わざる」の三猿をはじめ、「眠り猫」など、五一七三もある動物の彫刻が見事ですが、これらすべてにも意味があるとされています。さらに、目の錯覚を利用して奥行きを演出する建築デザインを取り入れるなど、日光東照宮はあらゆる手段で幾重にもパワーを取り入れているわけです。

御祭神として主祭神の家康のほか、豊臣秀吉と源頼朝も祀っています。この強力なカリスマ・パワーで「出世」「商売繁盛」などにご利益があるとされていますが、日光東照宮は、特定のご利益を超えて、すべてを含んだパワースポットとよんだほうがいいかもしれません。

お守り 商売繁盛の小判型「大判御守」や「御神馬御守」（ともに台付き）、「就職仕事守」のほか、身体健全・万除開運の「印籠守」「御勝守」などがある。

お祭り 五月一七、一八日に行われる「例大祭」。小笠原流による「神事流鏑馬（やぶさめ）」の奉納や、「百物揃千人武者行列（ひゃくものぞろいせんにんむしゃぎょうれつ）」が行われるが、この行列は、神輿を中心に鎧武者など五三種類一二〇〇余名の奉仕による盛大なもの。

お参りどころ 「叶杉」と呼ばれる樹齢六〇〇年の杉の大木があるが、その根元にある祠に向かって願い事を唱えると、願いが叶うとされている。

その他のご利益 学業成就・商売繁盛・家内安全・無病息災・心願成就　ほか

御利益
出世

愛宕神社《あたごじんじゃ》

黙して登るとご利益がある〝出世の石段〟

住所　東京都港区愛宕1-5-3
アクセス　地下鉄日比谷線「神谷町駅」から徒歩5分、地下鉄銀座線「虎ノ門駅」から徒歩8分　ほか

防火の神から出世のご利益がある神社へ

東京二三区内で一番高い山をご存知でしょうか。また、その山は何メートルくらいだと思いますか？　答えは港区のビジネス街にある愛宕山、標高は二五・七メートル。念のために付け加えておくと、東京都内では一番低い山です。

この愛宕山の山頂にあるのが愛宕神社。創建は慶長八年（一六〇三）で、徳川家康が京都の愛宕山にある白雲寺の勝軍地蔵を分霊して建てられました。いまでは信じられませんが、当時は山頂から東京湾や房総半島なども見渡せるほどの名所で、「汽笛一声新橋を～」で知られる「鉄道唱歌」の一番にも〝愛宕の山〟という歌詞が出てきます。

四〇〇年余りの歴史をもつ神社ですが、大社殿は嘉永二年（一八四九）の江戸の大火で焼失し、明治に再興した社殿も震災や戦災で焼失。現在の社殿は昭和三三年（一

九五八）に建て直されたものです。
しかし、ひとつだけ創建当時のまま残っているものがあります。それは〝男坂〟とも呼ばれる、思わず息をのむほど急な石段。傾斜角度は三七度だそうです。そして、この石段こそが、もともと防火の神を祀った当社が、「出世のご利益」がある神社として有名になった所縁なのです。

命がけで急勾配を馬で駆け上った曲垣平九郎

寛永一一年（一六三五）、三代将軍徳川家光が菩提寺の増上寺にお参りした帰り、愛宕神社を通ったときのことです。

山頂に咲く、ちょうど満開の梅を目にした家光公は、その梅があまりに美しいので「誰か、馬に乗ったままあれを手折ってくるやつはいないか」と言いました。

その梅は、ハシゴのように急な石段を八六段登った先にあります。馬で駆け上がるのはとても無理と、家臣たちはみなうつむいてしまいました。

そこへ手綱を引き、「ハッ！」と馬に鞭をふるうや、そそり立つ石段を駆け上っていく男がいました。

その男こそ讃岐藩の家臣、曲垣平九郎《まがきへいくろう》。平九郎は一気に石段を駆け上り、梅の枝を手折って、また急勾配を駆け下り、家光公に献上したのです。その後、家光公は平九郎を日本一の馬術の名人と讃え、重用したそうです。

このことから、石段は「出世の石段」と呼ばれるようになり、当社は「天下取りの神」「勝利の神」としても崇められるようになりました。

そして、各藩の武士たちは分霊してもらって地元に帰り、日本各地に愛宕神社が祀られることになったのです。

当時から成功を祈願する人があとを絶たず、桜田門外の変で井伊直弼を襲った水戸藩藩士たちも、当社に参拝してから江戸城へ向かったそうです。

いまも〝商売繁盛〟〝仕事運アップ〟などのご利益を求めて参拝者が多い当社ですが、近所のビジネスマンがパワーを注入してもらいにお参りする姿も。

また、「出世の石段をノンストップで駆け上がったら、仕事が上向きになってきた」などと、そのパワーは強力だという声は多いのですが、ただし、石段を登るときはだれとも言葉を交わさず、黙って登らないとご利益はないといううわさもありますので、ご注意ください。

ちなみに、平九郎の話は講談にもなっているためか、彼が馬を駆って石段を駆け上がったのは本当だろうかと思った人たちがいます。

そして、自分も同じように馬に乗ってやってみた人が明治、大正、昭和にかけていたそうですが、三人ほどが成功したそうです。

お祭り 奇数年の（次は二〇一九年）九月下旬に行われる「出世の石段祭」は、当社でもっとも大きなお祭り。神輿が一気に石段を駆け上るシーンは圧巻である。
行事 六月二三日の夜から二四日の朝に行われる「千日詣り」。この日に茅の輪をくぐってお参りすれば、千日参詣のご利益があるとされている。同時に「ほおずき市」も行われる。ちなみに、ほおずき市、羽子板市は当社が発祥。
その他のご利益 防火・防災・商売繁盛・縁結び・家内安全・合格祈願　ほか

御利益
勝運

なんでも〝百発百中〟で当たる、ありがたい神社
皆中稲荷神社《かいちゅういなりじんじゃ》

住所　東京都新宿区百人町1－11－16
アクセス　JR山手線「新大久保駅」から徒歩1分、JR中央線「大久保駅」から徒歩2分　ほか

韓流街にひっそりたたずむ、熱いスポット

都心の新宿駅からひと駅。韓流ブームですっかり有名になった新大久保駅界隈ですが、駅から歩いて一〇〇メートルくらいのところに、皆中稲荷神社があります。

周りをビルに囲まれた、いわゆる小さな〝町のお稲荷さん〟ですが、社名の「皆中」は「みなあたる」と読めることから、商売繁盛をはじめ、入学試験や就職試験、資格試験、そして賭け事など、さまざまな「当たり」を求めて参拝者が絶えません。

境内は、ずらりと並んだ「開運稲荷大明神」のまっ赤な幟《のぼり》がはためき、それだけで気分がアップ。とくに「的中宝くじお守り」を授けてもらい、宝くじに当選する人が続出しているということで、勝運や金運の強力なパワースポットになっています。

お礼参りで掛けられた膨大な数の絵馬のなかには、「ジャンボ宝くじ、一等が当たりました」などというのもあり、思わず期

待で胸をふくらませてしまいます。

鉄砲の下手な与力が神社を有名にした

社伝によれば、天文二年（一五三三）に創建された古い神社ですが、注目を浴びはじめるのは、もう少しあとからです。

天正一八年（一五九〇）、豊臣秀吉の命を受けて徳川家康が江戸に入ったとき、服部半蔵が頭領の鉄砲同心百人が先陣を務めたという話は有名ですが、その後、慶長七年（一六〇二）に、西方から攻めてくる北条氏の残党を想定して、現在の地に「鉄砲組百人隊」を駐屯させせました。

その与力のひとりが、どうしても鉄砲をうまく撃てずに悩んでいたところ、夢枕に稲荷大明神が立ち、「お参りすれば願いを叶えてやろう」と言ったのです。そこで、次の日の朝、近くの稲荷神社にお参りし、大矢場で射撃を試してみたら見事、大当たり。しかも、どんな体勢から撃っても百発百中。

それを聞いて、鉄砲組の仲間ばかりか旗本たちも競って参拝したところ、これもことごとく命中するようになったのだそうです。そこで、その稲荷神社を鉄砲組の守護神としたところ、近隣にもうわさが広がり、「みな当たる稲荷」として人々からも篤く信仰されるようになりました。

しかも、射撃だけではなく、さまざまな

願いが叶ったため、なんでも当たるという現在の神社名になったわけです。ちなみに、当社がある地名は百人町ですが、これは鉄砲組百人隊に由来しています。

また、当社は火縄銃や関係資料の収集でも知られていますが、それは第二次世界大戦で本殿以外の建物が焼かれ、伝来の武具や古文書を消失してしまったため。それを補い、百人隊行列をとり行うために、いまでも収集に力を入れているのだそうです。

隔年で行われる例祭では。鎧や兜に身を包んだ男たちが百人町を練り歩き、百人隊出陣式や火縄銃の一斉射撃などが披露されます。空砲ながら、轟音と煙、火薬の臭いなど迫力十分で、当時をしのばせるお祭りです。

お守り・絵馬　買った宝くじを入れておく専用「宝くじ入れ」は圧倒的人気。また、なんでも当たるという縁起の良い「皆中守」や、鉄砲隊の人形が付いた「商売繁盛ストラップ」「合格祈願ストラップ」「必勝ギャンブルストラップ」、的に矢が当たった絵のある「開運的中」と書かれた絵馬なども人気だ。

お祭り　「江戸幕府　鉄砲組百人隊　出陣の儀」は、江戸幕府開設期から行われているお祭り。射撃の報恩感謝のため、「鉄砲組百人隊出陣式」が奉納されたのが始まり。隔年で九月下旬に行われ、次は二〇一九年に開催される。

その他のご利益　良縁成就・家内安全・交通安全　ほか

御利益
勝運

信玄公のご利益で、勝負に出る前にパワーチャージ

武田神社《たけだじんじゃ》

住所　山梨県甲府市古府中町2611
アクセス　JR中央本線「甲府駅」からバス（山梨交通「武田神社行き」「積翠寺行き」）で8分　ほか

信長も家康も恐れた信玄公の勝負運にあやかる

甲府駅からバスが便利ですが、駅前から伸びるゆるやかな上り坂を二〇分くらいかけてまっすぐ進むと、そこが武田神社です。御祭神は、もちろん戦国武将の武田信玄。

甲府市の高台にある同社は武田信玄の館「躑躅《つつじ》ヶ《が》崎館《さきやかた》」跡に建てられた神社ですが、館とはいっても、お堀に囲まれた中にある城のようなものですから、敷地は広大。遠くには南アルプスの山々も見渡せ、一瞬、信玄公の時代に迷い込んだような気分になります。

武田神社は創建百年に満たない、新しい神社です。信玄公の住まいだった跡躑躅ヶ崎館は文禄三年（一五九四）、信玄公亡きあとに壊されてしまいましたが、時が経った日露戦争後、ふたたび信玄公を軍神、武神として祀る気運が高まり、明治天皇が巡幸して武田氏の史跡保存を提唱したことも大きなあと押しとなり、大正八年（一九一

九）、館跡に社殿が建立されました。

当社のご利益は、なんといっても「勝運」。軍略、知略に秀で、織田信長が恐れ、徳川家康も脅かされたほどの武将、武田信玄を祀った神社のため、この「勝運」のご利益にあずかりたいと、人気のパワースポットになっているのです。そのため、入学試験や入社試験、転職、起業など、人生の転機に気合を入れたいときに訪れる人が大勢います。

また、武田信玄は産業振興を奨励し、とくに治水工事、農業・商業の隆興に力を入れ、実績を残した人物として知られているので、商売繁盛の神様としても人気を集めていて、実業家や起業家、経営者もたくさん参拝に訪れています。

黄金色の松の葉で「金運」もいただく

勝運や商売繁盛以外にも、見逃せないご利益があります。金運です。

信玄公の軍旗の文字を略した「風林火山」の旗がはためく境内には、「三葉の松」という黄金色になって落葉する松がありますが、金色の松の葉というのは全国でも珍しく、これが「金運」の霊験あらたかとされているのです。

この松は信玄が信仰していた高野山のもので、信玄公が亡くなった際、彼を慕って種がこの地に飛来して根付いたものといわれています。落葉した黄金色の松は先が三つに分かれていて、これをお財布に入れておくと「金運」のご利益が得られるといわれています。同時に、「延命長寿」のご利益もあるとのこと。

仕事や試験など、思い切った勝負に出るとき、関門を突破したときには、ぜひ訪れてパワーをいただきたい神社です。

お祭り 武者行列の「信玄祭り」は山梨県最大のお祭り。戦勝祈願式では、武田信玄公と本陣隊、山本勘助と勘助隊が武田神社に集まり、甲州軍団の戦勝と祭りの成功を祈願する様子を見られるおすすめのイベントだ。信玄公の命日四月一二日の前の金・土・日曜に行われる。ちなみに、二〇一二年には甲州軍団出陣において、鎧武者の数の世界一記録をかけてギネス記録に挑戦し、一〇六一人が侍として認められてみごと世界一に認定された。

見どころ 信玄公の娘が産湯に使ったといわれる「姫の井戸」のわき水は、延命長寿、病気平癒のご利益があり、ペットボトルに入れて持ち帰ることもできる。

その他のご利益 商売繁盛・必勝祈願・開運招福　ほか

御利益
勝運

衣食住の守護神が祀られる、日本三大稲荷のひとつ
祐徳稲荷神社《ゆうとくいなりじんじゃ》

三〇〇万人が訪れる「鎮西日光」

地元で「祐徳さん」と親しまれている祐徳稲荷神社は、愛知県の豊川稲荷神社、京都の伏見稲荷大社とともに日本三大稲荷のひとつに数えられる神社。九州では太宰府天満宮に次いで参拝者が多く、年間で三〇〇万人が訪れるほどの人気。崖にやぐらを組み高床式にした本殿は京都の清水寺に似た風情で、総漆塗りで極彩色の派手な外観から「鎮西《ちんぜい》日光」とも呼ばれています。

衣・食・住と、生活全般の守護神として崇められてきましたが、いまはとくに商売繁盛や家運繁栄などにご利益があるとされています。

当社は、とにかく大きく、山ひとつが神社。ですから、春の若葉や秋の紅葉もじつにみごとで、豊かな自然を味わえる観光名所として古くから知られています。山頂から見下ろす神社全景は、まさに絶景。歌人の斎藤茂吉は「祐徳院稲荷にも我等詣でたり　遠く旅来し事を語りて」とうたい、詩

住所　佐賀県鹿島市古枝乙1855
アクセス　JR長崎本線「肥前鹿島駅」からバス「祐徳稲荷神社行」で「祐徳神社前」下車、徒歩5分　ほか

人の野口雨情も「肥前名所は祐徳稲荷　運と福との授け神」とうたっています。

海外でも威力を発揮した勝守

祐徳稲荷神社は約三三〇年前に創建されました。貞享四年（一六八七）、肥前鹿島藩主鍋島直朝《なべしまなおとも》公の夫人で、後陽成《ごようぜい》天皇の孫・左大臣花山院定好の娘の花山院萬子媛《まんこひめ》が京都から嫁いでくるときに、京都御所内の花山院邸に鎮座する稲荷大神を分霊したのが始まりといわれています。

現在の本殿は、昭和初期に建て直されたものが昭和二四年（一九四九）に焼失したあと、昭和三二年に再建されたもので、三代目になります。

祈願した野球チームが優勝した、縁談が決まったなどのクチコミで評判になり、商売繁盛だけでなく勝運、縁結び、金運向上などにもご利益もあるとされ、近年では新たなパワースポットとして話題になっています。とくに勝運ですが、境内で授与される〝勝守〟は大人気。スポーツ関係の団体参拝も多いようです。

そして一〇年ほど前のことですが、この勝守が海を渡ったアメリカの、しかも大リーグ戦で活躍したことがあるそうです。

ある人がボストンに行ったときのこと。そのとき、ちょうどレッドソックスがリーグ選手権で三連敗していました。その人がレストランに入ると、地元リーグの窮状に店じゅうが意気消沈していました。そこで、景気づけとばかりに日本から持っていった祐徳稲荷神社の勝守を店内のお客さんに配ってまわったら、その後レッドソックスはヤンキースに四連勝してリーグ戦を制し、ワールドシリーズにも八六年ぶりに優勝できたのだそうです。勝守の絶大な効力に、アメリカ人たちは目を丸くするばかりだったそうです。

また、この勝守と同様、持ってるだけで心強くなれそうなお守りがあります。それは〝うまくいく守〟と〝なんでもうまくいく守〟。思わず笑みがこぼれてしまいますが、ひとつ欲しいと思ってしまいます。

このように、あらゆることにご利益があるありがたい神社ですが、商売繁盛を願いながら勝守となんでもうまくいく守を身につけていれば、鬼に金棒かもしれません。

御祭神　生活全般の守護神とされる「倉稲魂大神（うがのみたまのおおかみ）」、技芸上達の神の「大宮売大神（おおみやのめのおおかみ）」、交通安全の神である「猿田彦大神（さるたひこのおおかみ）」

絵馬　縁結びのご利益でも注目されており、「縁結び絵馬」はピンク色のハート形。

お祭り　二月の初午の日に行われる「初午祭」は深夜零時から祈祷がはじまる。やはり商売繁昌の祈願が多く、その日は一日中にぎわう。また、境内では平戸神楽や民謡などが奉納される。

その他のご利益　必勝祈願・縁結び・金運向上・技芸上達・家内安全・交通安全・五穀豊穣　ほか

御利益
金運

福を呼ぶ招き猫発祥の寺
豪徳寺《ごうとくじ》

住所　東京都世田谷区豪徳寺2－24－7
アクセス　東急世田谷線「宮の坂駅」から徒歩5分、小田急線「豪徳寺駅」から徒歩15分　ほか

ひこにゃんのモデルが豪徳寺を生んだ

滋賀県の彦根城築城四〇〇年を記念したキャラクター〝ひこにゃん〟はご存知でしょう。ゆるキャラのハシリでもありますが、そのひこにゃんのモデルになった猫が東京にいます。その猫は、「招福猫児《まねぎねこ》」として、桜田門外の変で暗殺された井伊直弼が眠る豪徳寺にいるのです。

その猫と豪徳寺の縁は、江戸時代にさかのぼります。

豪徳寺の創建は文明十二年（一四八〇）。もともとは世田谷城主の吉良氏が弘徳院を建立したのがはじまりです。ところが江戸時代に入ると吉良氏は衰退し、それとともにお寺も傾いていきました。それでも当社の和尚は貧しい暮らしのなかで、飼っていた猫の〝たま〟に自分の食べ物を分け与え、可愛がっていたそうです。

そんなある日、鷹狩りからの帰り道、馬に乗った武士たちが通りかかりました。す

豪徳寺の招き猫

ると、その〝たま〟が手招きして一行を寺に招き入れたのです。その直後、突然の雷雨が襲い、武士たちは命拾いすることができた、というのです。

その一行を率いていたのは彦根藩の城主で、当時の世田谷の領主だった井伊直孝でした。井伊直弼のご先祖さまです。恩を感じた井伊直孝は、この貧しい寺に多額の寄進をし、寛永一〇年（一六三三）には井伊家の菩提寺とし、名前も豪徳寺と変えました。こうして、荒れた寺は復興することができたのです。

この福を呼び、寺をよみがえらせた〝たま〟が死ぬと、和尚はその墓をたてて供養しました。それ以降、たまのことは広く知られるようになり、愛らしい姿も手伝って江戸時代からいまに続くまで、大勢の参拝者が詰めかけているのです。

招き猫発祥の伝説はさまざまありますが、このようなわけで、豪徳寺の〝たま〟が招き猫の発祥とする説には根強いものがあります。

祈願成就のお礼の猫があふれる奉納所

さて、招き猫といえば「金運アップ」や「商売繁盛」がすぐに思い浮かびますが、よく小判を持っていて、「右手を挙げているのは金運」を招き、「左手を挙げているのは人」を招くといわれます。なかには、両手を挙げている欲張りなものまでありますが。

豪徳寺の招き猫は右手を挙げ、小判は持っていません。右手を挙げている理由は「金運」というよりも、武士にとって左手は不浄なものとされていたためらしく、小判を持たないのは「機会は与えられるが、結果を出すのはその人次第」という意味で、努力せずして結果を期待するな、ということらしいです。武士が関わるお寺らしいといえます。

祈願したうえで、自分で日々努力すれば道は開ける……ということでしょう。ただ、当社のご利益は絶大とみえて、招猫観音を祀る招猫堂の横に祈願成就のお礼として招福猫児を奉納する奉納所があるのですが、その数は半端なものではありません。猫好きならずとも、一度は訪れてみたいものです。

ちなみに、豪徳寺近くの商店街は〝にゃんたま商店街〟といい、井伊直弼の命日には〝ひこにゃん〟が数珠を持ってお参りしたこともあるとか。江戸時代からずっと、招き猫は町も人々も活性化させているわけです。

お祭り 五月の第二日曜に行われる「豪徳寺たまにゃん祭り」では、商店街でよさこいや阿波踊りで盛り上がるほか、境内では人形浄瑠璃も披露される。

見どころ 桜田門外の変で暗殺された井伊直弼をはじめとする国指定史跡の彦根藩主井伊家の墓所や、区指定有形文化財の由緒ある梵鐘なども見ておきたい。

その他のご利益 家内安全・営業繁栄・心願成就　ほか

御利益
金運・財運

〝巳〟の日にお参りすると、ご利益テキメン
銭《ぜに》洗《あらい》弁《べん》財《ざい》天《てん》宇《う》賀《が》福《ふく》神《じん》社《じゃ》

住所 神奈川県鎌倉市佐助2－25－16
アクセス JR・江の電「鎌倉駅」から徒歩30分、JR「大船駅」からバス「桔梗山」行きで「源氏山入り口」下車、徒歩5分　ほか

北条時頼がお金を洗ったことが事のはじまり

鎌倉の銭洗弁財天宇賀福神社は、その霊水でお金を洗うと何倍にもなって返ってくるという〝銭洗い弁天〟として有名です。

その起源は、源頼朝までさかのぼります。平氏との戦乱もようやく収まりつつあった、巳年の文治元年（一一八五）の巳の月（旧暦の四月）の巳の日、幕府の安泰と民衆が安心して暮らせるよう神仏に祈願していた源頼朝の夢枕に宇賀福神が立ち、「西北の俗界を離れたところにわき出す霊水で神仏を祀れば、天下太平になるだろう」といったそうです。そこで、頼朝は霊水がわく泉を探しあて宇賀福神を祀った、というのが銭洗弁財天宇賀福神社の始まりといわれています。

ここからは頼朝と銭洗いになんの関係も見出せませんが、じつはそれから約七〇年後に鎌倉幕府の五代執権、北条時頼がこの霊水でお金を洗い、一族の繁栄を願ったと

ころから銭洗いが広がったようです。そして、時頼がお金を洗ったのは正嘉元年（一二五七）ですが、これも巳年になります。

弁財天は芸術や財運を司っていますが、弁財天の使いである白蛇（巳）に願い事をすれば、その願いを弁財天に届けてくれるとされていることから、〝巳〟のつく年、月、日は金運・財運に縁起が良いのだそうです。巳の日は一二日ごとにめぐってきますので、調べてからお参りするといっそうご利益があるかもしれません。

また六〇日に一度やってくる己巳《つちのとみ》の日という日は、巳の日のなかでもさらに縁起の良い日で、弁財天をお祀りしている神社は必ずこの日に催事を行うそうです。ますます、きちんと調べてからお参りしたほうがよさそうです。

お金を洗って、運を上向きに

銭洗弁財天宇賀福神社は、鎌倉の源氏山公園の近くにあります。住宅街を通り越して山の中腹にあるトンネルを抜けると、岩山に囲まれた境内に出ます。八〇〇余年も絶えることなくわきつづけている水が流れる音に心が洗われますが、お目当ての銭洗弁財天が鎮座するのは、さらに奥の洞窟の中です。

この洞窟に入り、ザルに入れて銭を洗うのですが、ビショビショにするのではなく、端に水を三回かけて濡らすだけでご利益は十分あるとか。ちなみに、この銭洗い水は〝鎌倉五名水〟のひとつに指定されています。

心身を清められるような空間ですが、現世利益にもあずかりたいのが人情です。入り口でザルとロウソクをいただき、お金を洗って商売繁盛を願う参拝者でいつも混み合っています。そして、いまも巳の日にはとくににぎわいます。実際に、「銭洗い弁財天でお金を洗った数日後に昇給した」「商売が上向きになった」という声がたくさん寄せられているといいますから、やはり、ぜひ訪れてみたいものです。

お守り お財布に入れて金運・財運がアップする小判型の「おたから小判」や桐箱の中にべっ甲の亀が入った「幸運の銭亀」は金庫や神棚に置くといいらしい。また、「願いかなう茄子守」は、茄子を〝物事を成す(成就する)〟にかけた縁起物として人気。

お祭り 毎年九月の初巳の日に行われる「銭洗弁財天大祭」では、参詣者は線香やお灯明をあげ、千羽鶴を奉納したり、小型の鳥居を奉納。そして、この日も用意されているザルに硬貨・紙幣を入れて洗い、お金が増えるよう祈るのが通例だ。

その他のご利益 学問成就・開運　ほか

◈お札やお守りの霊力は一年間

お札（護符）やお守り、破魔矢や熊手といった神社から授けられるものを「授与品」といいます。

平安時代に仏教の護符がポピュラーになりましたが、お札はその護符をまねたものです。

お札には神様の名前やその力を象徴するような図案化した文字が書かれ、家の神棚に祀ったり、門や戸口や柱に貼って魔除けとします。

お守りは、このお札を身につけたり携帯できる形にしたもので、守札、袋守ともいいます。もともとは、女性のあいだでお札を首から下げるのがはやったことから巾着型の布袋などになった、といわれています。

お札やお守りは〝祈祷された神様の分霊〟なので、清潔に保つよう心がけてください。ただし、霊力にも期限があり、一年たったら新しいものを授与してもらい、古いものは神社の納札所に納めましょう。

それから、いろいろな神社のお守りを複数持ってどうなの？　という疑問もあると思います。神様どうしがケンカするのではないかと心配になってしまいますが、でも、日本はもともと〝八百万《やおよろず》の神〟の国です。それぞれの神様が協力して守ってくれると神社本庁もいっていますので、安心して複数持っていていいようです。

◆絵馬と馬はどういう関係？

「仕事がうまくいきますように」「合格できますように」「恋愛がうまくいきますように」など、願い事は尽きることがありません。その願い事を書いて奉納するのが〝絵馬〟ですが、なぜ〝馬〟なのでしょうか。

古代から馬は神様の乗り物と考えられ「神馬」として神聖視されていたので、神社に馬を奉納する風習があったのです。でも、馬を奉納できるのは限られた人たちですので、そのうち木製や土製の馬になり、馬の姿を描くだけになり……というわけで、〝絵馬〟が誕生しました。

ところで、絵馬は願い事と名前を書いて奉納しますが、結果にかかわらず、お礼参りをするのが礼儀です。叶ったときは感謝の絵馬を奉納しますが、叶わなかったときは再度絵馬を奉納し、改めて祈願するといいでしょう。

おみくじの起源と作法

いまのようなおみくじが登場したのは鎌倉時代初期といわれています。南北朝時代の歴史物語『増鏡』に、〝四条天皇崩御にあたり、第三代執権の北条泰時が鶴岡八幡宮でおみくじを引き、跡継ぎを決めた〟という記述が見られますが、これが神社でおみくじを引いた最初の例とされています。

しかし、古代から政権の後継者を決めるときなどには、神の意思を仰ぐためにくじ引きをするといったことは行われていて、これがいまのおみくじの起源ともいわれています。

いまでは、みくじ棒やみくじ箋から自動販売機にいたるまで、さまざまな形態がありますが、昔は籤《くじ》を自分でいくつか用意するのが一般的だったそうです。

ところで、おみくじを引いて「大吉だ!」「凶だ……」と一喜一憂してしまいますが、おみくじは単なる占いではなく、あくまで神意の表れです。ですから大吉が出ても「このように努力すれば大吉となるでしょう」、凶が出ても「このようなことに気をつければ災いは防げるでしょう」というご託宣ととらえたいものです。

また、おみくじを境内の樹木に結びつけている光景もよく見られますが、本当はおすすめできません。樹木に結ぶのは木にとっても良くありませんし、無作法なことです。

神社によっては結ぶ場所を用意していますので、結びたい場合はそこへ。そのような場所がないときは持ち帰りましょう。神様からのメッセージですから、ふだんから持ち歩くといいのではないでしょうか。そして、新しいおみくじを引いたときに、古いものを神社に納めてください。

ちなみに、伊勢神宮にはおみくじはありません。「参拝した日がだれにとっても吉日だから」とも「個人的な吉凶を占うことははばかられるから」とも推測されています。

◈神様にあいさつする「音」

［玉砂利］

大きな神社にはよく玉砂利が敷かれていますが、その場所を清めるという意味があるそうです。そもそも、古来から〝玉〟は〝御霊《たま》〟に通じる霊力のあるものとされてきました。ですから、伊勢神宮の式年遷宮では、玉砂利もすべて新しい白石に取り替えます。

そして、玉砂利を踏みしめる音にも意味があります。シャリシャリ……という音を聞きながら歩いていると、気持ちがピリッと引き締まり厳かな気持ちになってくるものです。この音で拝殿に近づく参拝者も清めているのです。

玉砂利には〝川をイメージしている〟という説もありますが、穢れをはらうには水が必要なので、それにも納得してしまいます。

［鈴］

古来から鈴には魔除けの霊力があるとされていますが、そこから、神事のときに鈴を鳴らすようになったようです。巫女《みこ》が神楽舞《かぐらまい》を舞うときに、手に持つ神楽鈴の音には神様を招く役割があったそうです。

参拝するときに鳴らす鈴も、これと同じです。まずはその清らかな音色で自分の邪気をはらい、これから祈願を申し上げるという、神様へのあいさつの役割を果たしているといえます。神様は澄みきった存在の前に降りてくるといいますから。

実際、「神様の御霊をお呼びするために鈴を鳴らします」と説明する神社も多いようです。

【柏手】

神社にお参りするときや、家の神棚の前で拝むときは柏手を打ちますが、これも鈴と同じで感謝を伝えたり、願い事をするにあたって、神様に来ていただくためのあいさつという説があります。

それ以外に「天地開闢《かいびゃく》の際に、天の磐戸が開いた時の音」を表すためという説も。

神事である相撲の土俵入りでも柏手を打ちますが、いずれにしても手を叩くことで自らの穢れをはらい、これから神域に入らせていただく、という改まりの作法といえるでしょう。

【その他の商売繁盛神社】

駒形神社（こまがたじんじゃ）
住所 岩手県奥州市水沢区中上野町1－83 アクセス JR「水沢駅」から徒歩10分

安房神社（あわじんじゃ）
住所 千葉県館山市大神宮589 アクセス JR「館山駅」よりバス「安房神社前」下車、徒歩5分

穴八幡宮（あなはちまんぐう）
住所 東京都新宿区西早稲田2－1－11 アクセス 地下鉄東西線「早稲田駅」から徒歩3分

三囲神社（みめぐりじんじゃ）
住所 東京都墨田区向島2－5－17 アクセス 都営浅草線「本所吾妻橋駅」から徒歩10分

彌彦神社（いやひこじんじゃ）
住所 新潟県西蒲原郡弥彦村弥彦2898 アクセス JR弥彦線「弥彦駅」から徒歩15分

恵美須神社（えびすじんじゃ）
住所 京都府京都市東山区大和大路通四条下ル前小松町125 アクセス JR「京都駅」よりバス「四条京阪前」下車、徒歩5分

錦天満宮（にしきてんまんぐう）
住所 京都府京都市中京区新京極通四条上中之町537 アクセス JR「京都駅」よりバス「四条河原町」下車

大神神社（おおみわじんじゃ）

住所 奈良県桜井市三輪1422 アクセス JR「三輪駅」から徒歩5分

住吉神社（すみよしじんじゃ）

住所 福岡県福岡市博多区住吉3－1－51 アクセス JR・地下鉄「博多駅」から徒歩10分

東明山興福寺（とうめいさんこうふくじ）

住所 長崎県長崎市寺町4－32 アクセス JR「長崎駅」より路面電車「公会堂前」下車、徒歩5分

【その他の出世・仕事運向上神社】

観音寺（かんのんじ）

住所 宮城県気仙沼市本町1－4－16 アクセス JR「気仙沼駅」から徒歩20分

西方寺（さいほうじ）

住所 東京都豊島区西巣鴨4－8－42 アクセス 地下鉄三田線「西巣鴨駅」から徒歩4分

柳森神社（やなぎもりじんじゃ）

住所 東京都千代田区神田須田町2－25－1 アクセス JR・東京メトロ「秋葉原駅」から徒歩5分

出世稲荷神社（しゅっせいなりじんじゃ）

住所 京都府京都市左京区大原来迎院町148 アクセス 地下鉄烏丸線「国際会館前」よりバス「出世稲荷神社」下車、徒歩10分

【その他の金運・財運向上神社】

金華山黄金山神社（きんかざんこがねやまじんじゃ）

住所 宮城県石巻市鮎川浜金華山5 アクセス JR仙石線「石巻駅」よりバス「鮎川港」下車、そこから定期船で金華山へ

穴守稲荷神社（あなもりいなりじんじゃ）

住所 東京都大田区羽田5－2－7 アクセス 京浜急行空港線「穴守稲荷駅」から徒歩3分

品川神社【一粒萬倍の泉】（しながわじんじゃ）

住所 東京都品川区北品川3－7－15 アクセス 京浜急行本線「新馬場駅」から徒歩3分

圓徳院（えんとくいん）

住所 京都府京都市東山区高台寺下河原町530 アクセス JR「京都駅」よりバス「東山安井」下車、徒歩5分

本圀寺【九頭龍銭洗弁財天】（ほんこくじ）

住所 京都府京都市山科区御陵大岩町6 アクセス 市営地下鉄東西線・京阪京津線「御陵」から徒歩10分

3章

合格・学業成就・技芸上達の御利益

御利益
合格祈願

大震災に二度も耐え抜いた被災地の小さな神社
釣石神社《つりいしじんじゃ》

住所　宮城県石巻市北上町十三浜字菖蒲田305
アクセス　JR仙石線「石巻駅」より宮城交通バス「上品の郷」下車　ほか

東日本大震災の復興のシンボルに

東日本大震災の〝復興の希望の星〟といわれた神社があります。宮城県石巻市、北上川の河口近くにある釣石神社です。

同社の御祭神は、知恵の神様、学問の神様として知られている天児屋根命《あめのこやねのみこと》。そして御神体は、社殿に向かう長い階段の中腹にある石です。その石、断崖に釣り上げられたもので、崖から突き出た格好になっているのですが、なんと高さが三メートル以上、周囲が一四メートルにも及ぶ巨石。神社名もそこから名づけられました。

〝釣石様〟と呼ばれるこの御神体は大きさもさることながら、思わず「おっとっと」と手を差し出してしまいそうな不安定きわまりない体勢なのですが、それを四〇〇年以上も保っているのです。そして、昭和五三年（一九七八）に起こったマグニチュード七・四の宮城県沖地震でも落ちなかったことから、「落ちそうで落ちない」と、がぜん、合格祈願の名所として全国的に注目されるようになりました。

そして平成二三年。東日本大震災に見舞われ、残念ながら、鳥居も社務所も津波に流されてしまいましたが、御神体だけはまたもやビクともせず、この大震災も耐え抜いたのです。津波は、御神体すれすれのところまできていたそうです。このことは、未曾有の災害にあった地元の人々にとって、一条の光明となりました。

神社周辺は沼地と化し、境内の杉の木も立ち枯れました。しかし、なんとか立て直そうと氏子たちが集まり、岐阜県の南宮《なんぐう》大社の支援も得て、倒れた木を伐採して裁断し、がれきを取り除いて境内を整備。仮の社務所を設けるところまでこぎつけ、震災翌年のお正月にも参拝者を迎えたのです。二〇一二年から一三年にかけての年末年始には、いまだ仮設住宅で勉強している受験生をはじめ、県外からの参拝者など約一万人がお参りに訪れたそうです

ヨシの輪をくぐって〝ヨシ合格！〟

釣石神社は、もともと産土沢という山の上にありましたが、元和四年（一六一八）に現在地に遷宮されたと伝えられています。山頂の社殿に通じる長い階段の登り口には、茅ではなくヨシで作った輪が奉納されていて、お参りするときはこの輪をくぐって進むのですが、縁起をかついで「ヨシ、合格！」というわけです。

社殿がある山頂からは、北上川河口のヨシ原の絶景が広がり、サワサワと風に鳴る音が見事だったそうですが、残念ながら、そこはまだ枯れ野のままです。ですから、いまは北上川の上流の河川敷のヨシを刈り取ってヨシの輪を作っているそうです。

ちなみに、眼下に広がるこのヨシ原は「日本の音風景一〇〇選」にも選ばれていますが、一日も早く甦ることを祈るばかりです。

また、御神体の〝釣石様〟は「男石」とも呼ばれ、その下にある八×四メートルの、これまた大きな岩の「女石」と対をなして陰陽神としても崇められています。学業以外に縁結びや子孫繁栄、商売繁盛、大漁祈願などのご利益もあります。

受験生にかぎらず、震災復興のシンボル・釣石神社のパワーをいただきに、ぜひ、一度足を運んでみたいものです。

お守り 全国の受験生から問い合せが殺到する「合格守」や「合格ヨシペン」などが人気。

地名 このあたりの地名は「追波（おっぱ）」というが、伊達政宗がこの地を訪れ丘の上から周囲を見渡したとき、波が次々に押し寄せてくる様を見て、名づけたものだという。

その他のご利益 縁結び・子孫繁栄・長寿・大漁豊作祈願　ほか

御利益
学業成就

頭脳派ナンバーワンの神様に拝んで学力アップ！

秩父神社《ちちぶじんじゃ》

住所　埼玉県秩父市番場町1－3
アクセス　秩父鉄道「秩父駅」から徒歩3分、西武秩父線「西武秩父駅」から徒歩15分　ほか

フクロウも猿も、知恵のご利益を授けてくれる

学業の神様といえば、まず菅原道真《すがわらみちざね》の名が思い浮かびますが、当社の御祭神の一人、八意思兼命《やごころおもいかねのみこと》は神界でも指折りの頭脳派です。

日本人の総氏神で太陽神の天照大神《あまてらすおおみかみ》が弟神の素戔嗚尊《すさのおのみこと》の乱暴ぶりに嫌気がさして天岩戸に閉じこもり、世界が真っ暗になってしまったときのこと。光を取り戻すために知恵を駆使して天照大神を天の岩戸から誘いだすことに成功したのですから。

天照大神を誘い出すシナリオを書き、トドメの踊りを踊らせる天宇受売命《あめのうずめのみこと》など役者を選んで配置し、演技をつけた神様が八意思兼命です。

名前の「八意」というのは〝多くの知恵〟という意味をもち、また〝立場を変えて思い、考えること〟という意味もあるそうです。まさに、この御祭神は、叡智を究めた

秩父神社　本殿

神様なのです。

この秩父神社は約二〇〇〇年の歴史を誇る、関東でも指折りの古社です。秩父地方の国造りを任された知知夫彦命《ちちぶひこのみこと》が先祖の八意思兼命を祀ったのが始まりとされ、現在の御祭神は、八意思兼命と知知夫彦命、天《あめ》之御中主神《のみなかぬしのみこと》、そして今生天皇の叔父にあたる秩父宮雍仁親王《ちちぶのみややすひとしんのう》の四柱です。

現在の本殿は天正二〇年（一五九二）に徳川家康が建立したもの。ちなみに、家康といえば日光東照宮ですが、東照宮はこの秩父神社にならって造られたそうです。

本殿の四方には左甚五郎作の動物の彫刻がめぐらされていますが、なかでも本殿裏側にある「北辰《ほくしん》の梟《ふくろう》」は知恵深い神の使いとして、知恵のシンボルとされています。初詣や入学試験の前には、境内はこのフクロウのお守りや絵馬を求める受験生であふれ返ります。

また、彫刻のなかには猿もいますが、猿といえば日光東照宮の「三猿」が有名です。ただ、日光東照宮の猿は「見ざる、聞かざる、言わざる」ですが、当社では逆に「見て、聞き、話そう」という意味を表す「お元気三猿」といわれるものです。よく見て、よく聞いて、よく話す……まさに、現代社会では重要なスキル。この「お元気三猿」も拝んで、学業成就以外に仕事向上のご利益もいただきたいものです。

お守り 学業や生活のなかでの知恵を授かる「知恵梟守」などがある。
行事 日本三大曳山（ひきやま）祭の一つに数えられる「秩父夜祭」は、国の重要無形民俗文化財に指定されている。
その他のご利益 子授け・家内安全・交通安全・無病息災　ほか

御利益
合格祈願

上野大仏《うえのだいぶつ》

「これ以上は落ちない」顔だけの大仏詣が人気上昇中

住所　東京都台東区上野恩賜《おんし》公園内
アクセス　ＪＲ・地下鉄各線「上野駅」から徒歩10分ほか

胴体がなく、顔だけの大仏。だから、落ちない

上野公園の中ほど、不忍池近くに、「合格祈願」と書かれた絵馬が鈴なりになっている場所があります。そこにはミャンマー様式のパゴダが建っているのですが、なんなのだろうと思って見回すと、います、左手に大仏さまが。しかも「上野大仏」と呼ばれるその大仏は顔だけなのです。なぜ、顔だけかというと、そこには波瀾万丈の歴史がありました。

この大仏を管理するのは、近くにある寛永寺の清水観音堂。上野大仏は、もとは粘土に漆喰塗りの釈迦如来座像で、寛永八年（一六三一）、同地に邸宅を持っていた越後村上藩主の堀直寄により、戦乱武将の鎮魂のために建立されたものでした。

しかし、正保四年（一六四七）の小田原地震で一回目の頭落ち。頭部が崩れ落ちたため、青銅製の大仏に生まれ変わりました。続いて天保一二年（一八四一）には仏殿か

ら出火し、二回目の頭落ち。顔は砕けてしまいましたが、堀家により修復されました。そして安政二年（一八五五）に起こった安政大地震で三回目の頭落ち。このときも堀家によって修復されました。

しかし、大正一二年（一九二三）の関東大震災で、ついに四回目の頭落ち。体の損傷も激しく、大仏は壊れてしまいました。傷だらけの大仏はいったん解体され、寛永寺に保管されましたが、資金の目処が立たず、再建計画は頓挫したままになっていました。

そして昭和一五年（一九四〇）、第二次世界大戦の戦況悪化による金属供出令によって、大仏の体の部分を国に差し出すことになり、大仏はとうとう、本当に顔だけになってしまったのです。

クチコミで広がった受験のパワースポット

その顔は寛永寺に保管されていましたが、関東大震災から五五年が経った昭和四七年（一九七二）、明治八年（一八七五）まであった大仏殿と同じ場所に、顔だけの大仏として復活したのです。

壁面に埋め込まれたレリーフの形で。もとは約六メートルの高さがあった大仏ですが、顔だけだと大人の身長と変わらないくらい。

そんな、目立たない小さな姿になってし

まいましたが、だんだんお参りする受験生の姿が目立つようになりました。

最初、寛永寺は参拝者が増えてきたことを不思議に思っていたそうですが、顔だけが鎮座しているのだから「これ以上は落ちない」と、クチコミで評判が広がっていることがわかり、少しでも助けになるならと「合格大仏」の立て札を立てたわけです。

そして「本当にご利益がありました」「合格しました！」という声が相次ぎ、いまでは受験生の参拝者が絶えない、合格力のパワースポットになっています。

四回の頭落ちという受難を乗り越えて、上野大仏は、「合格祈願の神様」として、見事によみがえったのです。

お守り シンプルだが、迫力ある大仏の顔をかたどった合格祈願のお守りがあり、受験などの願かけに人気。
絵馬 中央にブルーグレーの大仏の顔が描かれた、インパクトの強い絵馬。念をこめて願いを書けば、強力に後押ししてくれそう。
その他のご利益 開運招福・災難厄除・煩悩滅除　ほか

御利益
合格祈願

腕力の神と学問の神のそろい踏み
湯島天満宮《ゆしまてんまんぐう》

住所　東京都文京区湯島3-30-1
アクセス　地下鉄千代田線「湯島駅」から徒歩2分、地下鉄銀座線「上野広小路駅」から徒歩5分　ほか

目標に向かって、するべきことを教えてくれる

〝湯島天神〟の名で親しまれている当社は、西の北野天満宮、南の太宰府天満宮とともに、日本中に知られた受験生にとっての聖地です。街なかということもあり、受験シーズンには、祈願の絵馬もどうやってかかっているのだろうと不思議なくらい何重にもたわわにふくらみ、あまりの混みようと人々の熱気で、真冬でも寒くないくらいです。

湯島天満宮の合格祈願のお札では、「目標に向かって」と題して、次のようなメッセージが受験生に送られます。

一、受験は自分との戦いである　最後まで希望を捨てるな
一、いま　ここでがんばらずに　いつがんばるのだ
一、自分が選んだ道だからこそ　納得いくまで進んでいこう
一、もっと努力すれば　もっといい結果が

湯島天満宮

　　うまれる
一、今が一番大事なときだ　今日の勉強に
　　全力を尽くせ

親が言わずとも、先生が言わずとも、神様がすべて言ってくださっています。

もともとの神様は力自慢の神様

湯島天満宮は、江戸時代には徳川家の崇敬を受ける一方で資金調達のための〝富くじ〟で大人気を博したり、また泉鏡花の『婦系図』の舞台になるなど小説にもよく登場し、昔から人々に親しまれてきた神社。ふだんから、参拝する人の姿が絶えません。

当社は、雄略天皇二年（四五八）に天之《あめの》手力雄命《たぢからをのみこと》を祀る神社として創建されました。この神様は読んで字のごとく腕力を象徴する神様です。それもそのはず、天照大神が外の楽しげな様子に誘われて天岩戸から顔を出したとき、その手をとって引きずり出した神様なのです。

でも、天神さまといえば菅原道真。腕力に長けた天之手力雄命がなぜ学問と関係するのか。じつは、何も関係がないのですが、南北朝時代の正平一〇年（一三五五）、人々の教育を活性化させたいという要請があり菅原道真を分霊して合祀したため、そこから学問の神様として知れ渡るようになったというわけです。

もともとの御祭神だった天之手力雄命は、いまもスポーツ上達や厄除などのご利益があり、境内には世界のホームラン王だった、王貞治氏の座右の銘「努力」の文字が刻まれた碑もあります。

お祭り　毎年一一月には境内で「菊まつり」が盛大に行われる。その年の話題をテーマにしたものを中心に、約二〇〇〇株が展示される。

お守り　「学業守」のほか、「就職お守」、「資格取得守」などもある。

見どころ　手水舎の隣りには、なでると願いが叶うとされる「撫で牛」がいる。運気アップのためにも、参拝したらなでておきたい。

その他のご利益　家内安全・病気平癒・厄除　ほか

御利益
合格祈願

北野天満宮《きたのてんまんぐう》

〝怨霊+雷神〟から〝学問の神〟に

怨霊の雷神から学問の神様となった

北野天満宮は、太宰府天満宮と同様、全国の天満宮、北野神社、菅原神社など一万五〇〇〇社の総本宮です。御祭神は菅原道真。菅原道真といえばもちろん学問の神様の代表ですが、最初から学問の神様として崇められていたのではない、ということはよく知られた話です。

道真は、右大臣というエリート官僚でした。ところが、その賢さが彼を不運へと導いたのです。民間出身なのに異例の大出世をした道真に嫉妬した藤原時平のワナにはまり、道真は左遷されたあげく、太宰府に送られ非業の死を遂げました。

住所　京都府京都市上京区馬喰町
アクセス　京福電車北野線「北野白梅町駅」徒歩5分　ほか

その後、道真が去った京の都では疫病がはやり、雷雨がやまず、かと思えば干ばつが続き、さらに道真に偽りの罪をきせた時平周辺の人たちが亡くなる事件も相次いだのです。そして、道真の左遷を命令した醍醐天皇の息子の皇太子までもが一四歳の若さで死去。トドメには平安京の紫宸殿《ししんでん》に雷が落ち、多数の死傷者が出ました。

そのうち、これらはすべて道真が怨霊となって祟っているのだといううわさが広がりました。そして道真の怨霊が天神（雷神）と結びついたと考えられるようになり、その怒りを鎮めるために道真を祀ったのが、北野天満宮の始まりです。

すると、祟りは影をひそめ、次第に怨霊というよりも、政治家であり学者であり文人でもあった道真のインテリジェンスに関心が集まるようになり、次第に庶民に親しまれる神社になりました。つまり雷神が時を経て、だれも頼りにする学問の神に変わっていったというわけなのです。

寺子屋の発展で浸透していった学問の神様

そのように天神信仰が一般庶民の間に浸透したのは、江戸時代初期に急速に普及した寺子屋教育と結びついたことが大きな要因になっています。天神様は寺子屋の宗教的なシンボルとなり、教場には学問・書道の神として必ず天神様の神像が掲げられました。

正月最初の天神祭りのときには、寺子屋では父兄が参観する文化祭のような天神講が行われました。また、道真の命日である二五日は毎月の祝日とされ、近くの天神社へお参りし学問筆道の上達を祈願したのです。このような寺子屋における天神信仰は、今日の学問の神としての信仰につながるもので、いわば天神様への受験合格祈願の起源といってもいいでしょう。

そして、当社で受験生に人気のものの一つは、境内のいたるところにいる二〇体の〝なで牛〟です。牛は天神様の使いといわれていますが、この牛の像をなでると頭が良くなると、みんながなでていくので、どの牛も黒光りしています。牛たちは寝そべっていますが、一体だけ立っている牛が……。どこにいるか、探してみるのも一興かもしれません。いっそうのご利益が期待できるかもしれません。

お祭り 菅原道真は承和一二年（八四五）六月二五日に生まれ、昌泰四年（九〇一）一月二五日に左遷され、延喜三年（九〇三）二月二五日に亡くなった。二五日づくしなので、毎月二五日に縁日の天神祭が行われ、日没から夜の九時ごろまで境内がライトアップされる。一月の「初天神」と一二月の「しまい天神」はとくににぎわう。

お守り 学業守、学業札、勧学守など　※参拝できない遠方在住者は電話問い合せ可能。

見どころ 国歌「君が代」にもある〝さざれ石〟は、細石という意味。それが巌となり、さらに苔が生えるまでの長い年月を表す歌詞だが、その苔むしたさざれ石が北野天満宮の駐車場の出口近くにある。

その他のご利益 家内安全・病気平癒・厄除　ほか

御利益
合格祈願

戦いの神・八幡大神と、
発明王エジソンのパワーをいただく

石清水八幡宮《いわしみずはちまんぐう》

住所　京都府八幡市八幡高坊30
アクセス　京阪電車「八幡市駅」より男山ケーブル「男山山上駅」下車、徒歩5分　ほか

エジソンにあやかった絵馬が受験生に人気

京都府と大阪府の境目あたりにある男山、通称・八幡山には珍しい絵馬で有名な神社があります。大分県の宇佐神宮、神奈川県の鶴岡八幡宮とともに、日本の三大神宮に数えられる石清水八幡宮です。

その絵馬には人の顔が描かれているのですが、だれかといえば発明王トーマス・エジソン。というのも、エジソンとこの男山には深いつながりがあるのです。

エジソンは一八七九年に白熱電球を完成させましたが、そこにこぎつけるまでには、さまざまな試行錯誤がありました。最初に彼が発光部のフィラメントの材料として使ったのは木綿糸を炭化させたものでしたが、それだと電球は四〇時間しかもたなかったそうです。そのため六〇〇〇種の植物の繊維で実験を繰り返しましたが、なかなか光が見えませんでした。そんなとき、たまたま実験室にあった日本の扇子に目をと

めたエジソンが、竹をほぐして使ってみたところ長時間輝きつづけたのです。

そこでエジソンは助手を日本に派遣し、日本で手に入れた竹を炭化させて実験してみると、なんと一〇〇〇時間も輝きつづけたそうです。のちにタングステンのフィラメントができるまで、この地から大量の竹が輸出され、世界中を明るい電球で照らすことができたのです。そのときの竹が、この男山の竹だった。というわけで、そのご神縁にちなみ、竹製のエジソン合格祈願絵馬が受験生に人気となっています。

もともと当社の御祭神の八幡大神は、武神、弓矢の神、必勝の神として、足利氏、徳川氏、今川氏などが氏神として信仰していた戦の神様です。そこにエジソンの知恵のご利益もプラスされ、「必勝」の願いをこめて、受験や就職、スポーツ、海外挑戦などにも霊験あらたかとされています。

経営の神様・松下幸之助も信仰

当社は平安京を守るために、大分県の宇佐神宮から分霊された神社です。清和天皇の即位の翌年〈貞観一年（八五九）〉の夏、真言宗の開祖・空海の弟子だった南都大安寺の僧行教が宇佐神宮に参詣したときに「われ都近き男山の峯に移座して国家を鎮護せん」との神託を受けました。これを受けて、その次の八六〇年に、清和天皇が社殿を建てさせたのが始まりとされています。

それ以降、東北にあたる比叡山延暦寺に対し、南西を守る王城守護の神として信仰されてきました。「石清水」の社名は、もともと男山に鎮座していた石清水山寺（現在は石清水八幡宮の摂社）に由来しています。

当社がある男山は標高一四三メートルと小さな山ですが、山全体で桜の木が二〇〇〇本もあり、桜の時期は、それはそれは見事な景観です。パナソニックの創業者でもあり「経営の神様」とも称された松下幸之助が深く信仰したことでも有名です。

境内には、国の重要文化財に指定されている社殿をはじめ、楠木正成手植えの大楠（京都府指定天然記念物）や、織田信長奉納の「黄金の樋」「信長塀」など、見どころも満載です。合格を祈願したあとは、ゆっくりと散策してみるものいいでしょう。

お守り　絵馬の形をした「勝駒守」が人気。表側には勝ちを射抜く矢が、裏側には鳩と石清水八幡宮の文字が書かれたお守りを身につけ必勝合格をねらう。ほかに「学業成就守」や「必勝鉛筆」も。

絵馬　エジソンの顔が大きく入った、正五角形の「エジソン合格祈願絵馬」が人気。「合格祈願」の朱文字の下に「一％のひらめき　九九％の汗」という墨文字が入っている。

その他のご利益　厄除開運・必勝・商売繁盛・家内安全　ほか

御利益
合格祈願

「頭が良くなる」
日本唯一のあたまの宮

頭《こうべ》之《の》宮《みや》四方《よもう》神社《じんじゃ》

住所　三重県度会郡大紀町大内山3314－2
アクセス　JR紀勢本線「大内山駅」から徒歩10分ほか

健康な頭は「神宿る知恵の宝箱」

日本でただひとつ、「あたまの宮」という名前がついた神社があります。地元の人が親しみをこめて「あたまの宮さん」と呼ぶ、三重県にある頭之宮四方神社です。当社は奥伊勢宮川峡県立自然公園内の唐子川のほとりにあります。

首より上の部分に関するさまざまな願いに霊験あらかたとされていますが、とくに「頭が良くなる神社」として知られ、入学試験や入社試験、資格試験などの受験シーズンには、東海や近畿だけではなく全国から参拝者が押し寄せます。

本堂脇の道を下りていくと「知恵の水」と呼ばれるわき水があり、この御神水を飲むといっそうご利益があるといわれているため、ペットボトル持参でお参りする人が少なくありません。このわき水ですが、川底が見えるくらい透明できれいです。

御祭神は、桓武天皇の末裔の唐橋中将光《からはしちゅうじょうみつ》盛卿《もりきょう》。その中将が御祭神になった言われはこうです。

あるとき、村の子どもたちが唐子川で遊んでいると、川上からドクロが流れてきました。死者は土葬するのが当たり前だった時代ですから、いまほど怖れはなかったのでしょう。子どもたちがドクロを川から拾いあげて遊んでいると、通りかかった老人が「汚いから、そんなもので遊んではいけないよ。捨てなさい」と言いました。

するとその後、その老人は突然神がかり、大声で語りだしたのです。

「私は唐橋中将光盛卿だ。いま、子どもたちを相手に楽しく遊んでいたのに、お前は私を侮辱し、遊びを妨げた。なんと無礼なことか。でも、もし私のドクロを崇め祀ったなら、お前の乱心を止め、村人みんなに幸福を与え、永く守護しよう」

これだけ言い終わると、老人は正気に戻りました。中将は唐子川の上流の山の上に住んでいましたが、とうに亡くなっていました。時が経って、中将の頭蓋骨だけがたまたま流れてきたのでしょう。そばで一部始終を見守っていた村人たちはおそれおののき、神殿を造って、そのドクロを祀ったといいます。それからは村には良いことがたびたび起こり、頭之守護神・知恵之大神と尊崇された、というのがこの神社の起源です。創建は建久二年（一一九一）と伝えられています。

お誓い石に願いをこめ、知恵の水で福を招く

境内には「頭之石」と呼ばれるなで石があり、なでると頭が良くなるといわれます。社殿に向かって右手には、古代の貝塚のように白と黒の石が積み上げられた「奉石所」があります。人間の「意志」は弱いので、硬い「石」に託すことで意志が崩れないように、心願成就を願って石を奉るのです。

小さな石は「お誓い石」と言い、「合格祈願」「交通安全」など、それぞれの思いをこめて文字を書きます。

願をかけるときは「白石」に祈りをこめ、成就したときは、お礼参りとして太陽の下で健康に豊かに働けることを願って「黒石」を奉納。どちらの石も、海の塩水で清められた五～六センチ程度のものを納める習わしです。山地に鎮座する当社では、遠い海の石を供えることに意味があるのです。

お守り 「合格守」や「学業知恵守」「頭之守」以外に、「天職守」もある。

絵馬 心願成就を願って石を奉る「奉石所」があるが、石を持参できない参拝者のために、無地の絵馬を用意して石の代わりとしている。同社は無地の絵馬発祥の神社である。

その他のご利益 所願成就・商売繁盛・美顔祈願・病気平癒 ほか

御利益
合格祈願

明治維新の精神的指導者を祀る

松陰神社《しょういんじんじゃ》

住所　山口県萩市椿東1537
アクセス　JR山陰本線「東萩駅」から徒歩20分ほか

日本の夜明けを担った若者の学び舎

初代の伊藤博文から、現職安倍晋三まで、日本の首相をもっとも多く生み出しているのが山口県です。その山口県で、学問の神として崇敬を集めるのが松蔭神社。毎年六〇万人が訪れるこの有名な神社の御祭神は、江戸末期の安政の大獄で斬首された思想家で教育家の吉田松蔭です。

松蔭は二七歳で幽閉の身になったのですが、安政四年（一八五七）に叔父が開いていた私塾を継ぎ、実家にあった小屋を改造して八畳の教場を造りました。それが、あの有名な松下村塾です。

松蔭が幽閉の身から斬首されるまでのあいだ、実際に松下村塾で教えていた期間はわずか二年ちょっとでしたが、そこからは、長州藩士で尊王攘夷派の中心人物になった久坂玄瑞はじめ高杉晋作、伊藤博文、山縣有朋など、明治維新の原動力となる英才たちが旅立っていきました。

この松蔭の松下村塾では一方的な講義形式ではなく、松蔭と門下生が意見を交わしあったり、ディベートを繰り広げたり、登山や水泳なども行うという〝生きた学問〟を教えていたそうです。また、優秀な武士に限らず、身分や階級を問わずに町民や農民からも分け隔てなく門下生を受け入れ、当時としては大変めずらしい、だれにでも開かれた学び舎でした。松蔭が、いまも変わらず崇敬を集める理由が、ここにもあるような気がします。

門下生の伊藤博文らが師を祀る神社を建立

そして、安政六年（一八五九）、ついに松蔭は三〇歳で刑死するのですが、明治二三年（一八九〇）、実家の邸内に松蔭の実兄、杉民治が土蔵造りの祠《ほこら》を建て、松蔭が愛用していた硯と松蔭の書簡を御神体として祀ったのが松蔭神社の始まりです。その後、明治四〇年に、首相になった門下生の伊藤博文らが中心となって神社を建立、県社となりました。ちなみに、現在の社殿は昭和三〇年に新しく建てられたものです。

では、創建当時に社殿だった松下村塾はどうなったのかといえば、久坂玄瑞や高杉晋作など、門下生たち五二人を祀る末社・松門神社となっています。

松下村塾や松蔭が幽閉されていた旧宅はもちろん、境内には「至誠館」という宝物殿があり、松蔭のたどった人生や倒幕から明治維新に至るまでの歴史を学ぶことができます。また、吉田松蔭歴史館では、お歴々が蝋《ろう》人形で迎えてくれるのも一興……と、境内には見どころもいっぱいです。「明治維新胎動の地」の文字が刻まれた石碑もあり、この揮毫《きごう》は山口県出身の元首相、佐藤栄作によるもの。また、鳥居の「松蔭神社」の文字のほうは佐藤栄作の実兄で、同じく元首相の岸信介だそうです。

いまも地元の人たちからは「松蔭先生」と呼ばれ、町ぐるみで大切にされている松蔭神社ですが、優れた人材を育てた松蔭にあやかりたいと、受験や就職の成功を祈願しに訪れる人は後を絶ちません。

おみくじ　「才と言い気と言うも学を基となす」など、松蔭先生の教訓入り。解説もついているので、難しい言葉で書かれていても、メッセージはしっかり受け取れるはず。また「凶」をひいてしまったときは、授与所に申し出れば「おしるし」として福箸がもらえる。

お守り　松蔭先生の肖像が入った絵馬型の学業成就お守りがある。お守りや絵馬、合格祈願はち巻きなどが入った「合格祈願セット」も人気。

その他のご利益　開運招福・家内安全・交通安全　ほか

御利益
合格祈願

受験生の信仰を集める日本一の天神さま
太宰府天満宮《だざいふてんまんぐう》

住所　福岡県太宰府市宰府4－7－1
アクセス　西鉄太宰府線「太宰府駅」から徒歩5分　ほか

春には、道真を慕って京から飛んで来た梅が迎えてくれる

太宰府天満宮は梅の名所でもあり、約六〇〇〇本ある梅の花の時期には大勢の観光客でにぎわいます。

東風《こち》吹かば　匂ひおこせよ　梅の花
　あるじなしとて　春な忘れそ

ご存知のとおり、御祭神の菅原道真の歌で「自分が去っても、春になったら香しい花を咲かせておくれ」という意味です。これは、道真が政敵の藤原時平にワナにはめられ京都を追われる直前に詠んだものですが、そんな道真を慕って一夜のうちに京都から飛んできたといわれるのがこの「飛梅」です。その梅の子孫は、いまも本殿に向かって右手にあります。

この飛梅の近くに〝絵馬掛所〟がありますが、どこかに掛けられるかと、掛ける場所を探している若者の姿をよく見かけます。絵馬掛所は本殿裏にも末社の裏にもありますが、どこも隙間がなく、その様は壮

太宰府天満宮

観でもあります。当社は学生だけではなく、就職や昇進試験などの合格祈願に訪れる人も多い、社会人からも人気の神社です。

太宰府天満宮は、京都の北野天満宮とともに全国の天神様の総本社。延喜一九年（九一九）、道真の墓があったところに創建された安楽寺が、こんにちの太宰府天満宮の始まりです。

鷽《うそ》と道真の罪の嘘

太宰府天満宮では毎年一月七日の夜、古くから伝わる「鷽《うそ》替え神事」が行われます。「鷽」とは鳥の名前ですが、漢字の「學」に似ているということで、天神様の使いとされています。

神事では、木彫りの鷽を手にした人々が、注連縄《しめなわ》で囲った楼門前の斎場で「替えましょう、替えましょう」と言いあい、鷽を互いに取り替えます。鷽を交換しあうことで、一年のあいだについたうそを清算し、幸運をいただくという意味があるそうです。

ちなみに、当社では北野天満宮と違って、道真が怨霊となって災いをもたらし、それを鎮めるために祀ったという説はとっていません。実際、太宰府に行ってからの道真は、自分に冤罪をきせた藤原時平を恨んでもしかたがないと、仏道と詩作で静かに暮らしていたともいわれています。

〝鷽替え〟は江戸時代ごろから始まったとされ、道真が生きていたころにはありませんでしたが、身に覚えのない冤罪を鷽替えにダブらせてみると、道真との不思議な因縁を思わずにはいられません。

お守り 「学業きんちゃく御守」やひも付きの「学業袋守」のほか、パスケースに入る「就職成就御守」などがあるが、遠方に住んでいるなど、参拝が難しい人は郵送してもらうこともできる。

行事 毎年一月七日には「鷽替え神事」に引きつづき「鬼すべ神事」が行われる。こちらはその年の災難厄除、開運招福を祈願して行われる勇壮な火祭りだ。

その他のご利益 芸能上達・和歌・書道上達・除災招福・火除け、・五穀豊穣　ほか

御利益
諸芸上達

有名人の玉垣が圧巻。芸能人の参拝率が高い神社No1

芸能神社《げいのうじんじゃ》（車折神社の末社）

住所　京都府京都市右京区嵯峨朝日町23
アクセス　京福電鉄嵐山本線「車折神社駅」下車すぐ　ほか

嵐山にある芸能人のパワースポット

本社の車折神社は学業成就や商売繁盛、交通安全などのご利益がある平安時代から続く神社ですが、境内にはその末社の芸能神社があります。

御祭神の天宇受売命《あめのうずめのみこと》は、もともと縁結びのご利益がある地主神社に祀られていました。しかし、本社の車折神社が嵐山と太秦のちょうど中間点あり、俳優や映画関係者からの篤い信仰があったことから、昭和三三年（一九五八）に車折神社の境内に独立した社殿を建て、地主神社から御祭神を分祀して芸能神社としたのが始まりです。

この芸能神社、まさに芸能人にとってのパワースポットになっていて、境内はアイドルからアーティスト、俳優・女優、お笑い芸人、歌舞伎役者、画家など、芸能・芸術関係の名だたる人たちの名前が書かれた玉垣（社殿や境内の周囲にめぐらせる垣）で埋め尽くされています。

朱色の細長い板に黒い墨文字で名前が書かれた玉垣が二〇〇〇枚以上ズラリと並ぶ様は圧巻で、同社のシンボルともいえるでしょう。芸能人たち自らがお参りに訪れるのはもちろんですが、アイドルの場合はファンの人たちが新曲のヒットや公演の成功を祈願し、玉垣を奉納する例も珍しくないのだとか。そんな名前を眺めながら散策するのも楽しいかもしれません。

御祭神は天照大神を誘い出したあの女神

御祭神の天宇受売命は、天照大神が天岩戸にこもってしまったためにこの世が真っ暗になったとき、岩戸の前でエロティックな舞を踊って天照大神を誘いだしたことで有名な女神です。その見事な踊りにつられて天照大神が出てきて、この世にまた光が戻ったという、その功績からあらゆる芸能の祖神となったのです。

そして、この天宇受売命の舞い踊りは、神楽の始まりともされています。また、『日本書紀』には「巧みに俳優《わざおぎ》をなし（おもしろおかしい技を演じて歌い舞い、神や人々の心を和ませ楽しませること）」という記述がありますが、この神は俳優のルーツでもあるわけです。

お参りするときは、パワーストーンとして注目されている「祈念神石」を本社社務所で授けてもらいます。祈念神石はお守りタイプとお札タイプがありますが、お守りの場合は袋から取り出して石を直接手に持ち、願い事を強く念じながらお参りするとご利益を授かれるとのこと。そのあとは、そのお守りをポケットやバッグに入れて肌身離さず持ち歩きます。そして、願い事が叶ったら石を一つ拾って洗い清め、その石にお礼の言葉を書き神社に返納する、というのが祈願の作法とのことです。

また玉垣ですが、有名人にかぎらず、だれでも奉納することができます。字体をそろえるため、これらはすべて神主さんが一人で手書きしてくれるので、申し込んでから設置まで二カ月はかかるそうです。

芸能関係者だけではなく、華道や茶道、書道など幅広い芸術関係者からも信仰されている芸能神社。芸事にかぎらず、自分を高めたいときなど、お参りして熱気あふれるパワーをいただきたいものです。ちなみに、金運向上、良縁などにもご利益があるそうです。

お守り　「芸能御守」「芸術才智守護御守」のほか、金運・財運向上の祈念神石入りきんちゃくなども。
その他のご利益　金運向上・良縁　ほか

御利益
芸道上達

湘南出身の有名人が多いのも納得
江島神社《えのしまじんじゃ》

海の女神が芸能の女神になった

七～八万年前の大地震で隆起してできた島が波に削られ、いまの形になったという江ノ島。島の南側にある、岩屋と呼ばれる長さ一五〇メートルもの洞窟も六〇〇〇年前に波が掘ったものとか。富士山をはじめ、そこからの眺めが素晴らしいことから、昔は「絵の島」とも書いたそうです。

そして、聖徳太子が生まれる前、欽明天皇一三年（五五二）に、岩屋に海の神・三女神を祀ったのが、日本三大弁天のひとつ、江島神社の始まりと伝えられています。江島神社の三女神とは、宗像三女神《むなかたさんにょしん》と呼ばれる美人三姉妹。奥津宮《おくつみや》には多紀理比賣命《たぎりひめのみこと》、中津宮《なかつみや》には市寸島比賣命《いちきしまひめのみこと》、辺津宮《へつみや》には田寸《たぎ》津《つ》比賣命《ひめのみこと》が鎮座します。

江島神社とは、この三つの宮の総称で、江島大神といえばこの三女神のことを指します。もともとは海の神でしたが、明治元年（一八六八）の神仏分離により弁財天女とされ、江島弁財天として芸道上達の功徳

住所　神奈川県藤沢市江の島2－3－8
アクセス　小田急線「片瀬江ノ島駅」から徒歩15分、江ノ電「江ノ島駅」から徒歩20分　ほか

をもつ神と仰がれてきました。

江ノ島といえば湘南、湘南といえば夏の海辺のにぎわい、そしてサザンオールスターズら日本を代表するミュージシャンを輩出した地。海の神と芸能の神が一緒になったのもうなずけます。

江戸から続く音楽界や歌舞伎界の江島詣で

源頼朝が鳥居を奉納し、北条時政は龍の三つの鱗を授けられてそれを家紋にするなど、武将たちからの信頼が篤かった当社ですが、江戸から日帰りで行ける行楽地として庶民にも人気で、大変なにぎわいを見せていたようです。その様子は境内各所や社蔵の浮世絵などでうかがうことができますが、とくに中津宮には、江戸堺町中村座、江戸葺屋町市村座、江戸新肴場和泉甚左衛門が奉納した石灯籠があり、江ノ島入口には数多くの寄進者たちの名前を刻んだ青銅の鳥居なども。

また、辺津宮の境内には法隆寺の夢殿をモデルにした奉安殿があり、そこには裸弁財天と呼ばれる「妙音弁財天」が祀られています。全裸に宝冠をかぶり琵琶を弾く姿がじつに妖艶な弁天様ですが、音楽芸能の上達などにご利益があると、とくにミュージシャンや歌舞伎役者などに人気です。

同じ奉安殿には、源頼朝が寄進した「八《はっ》臂《ぴ》弁財天」も祀られていますが、こちらは戦の神の象徴とされています。

ちなみに、辺津宮の本殿前には「打ち出の小槌」があります。昔から打ち出の小槌は、どんな願い事も叶えてくれるといわれています。この小槌は振るのではなく、三回なでながら「心願成就」や「運気向上」を祈願すれば功徳を授かるそうです。ぜひ、試してみてください。

お守り 芸能上達を願う「びわ守」は朱色で琵琶の形のストラップタイプ。ほかにもご利益が全般にわたる「龍神守」や「御塩守」も人気。最近は縁結びの神社としても有名で、カップルで訪れた人は、境内にある「龍恋の鐘」を二人で鳴らすとご利益があるなど、人気のデートスポットにもなっている。また「恋愛成就御守」と「縁結び絵馬」も人気を集めている。

その他のご利益 恋愛成就・航海安全・交通安全・商売繁盛・財運向上　ほか

御利益
球技上達

サッカーはじめプロ選手たちが祈願するスポーツの神様
白峯神宮《しらみねじんぐう》

住所　京都府京都市上京区今出川堀川東飛鳥井町261
アクセス　地下鉄烏丸線「今出川駅」から徒歩8分ほか

古代のサッカー、蹴鞠《けまり》発祥の地

同社が一躍有名になったのは、二〇〇二年の日韓共同開催サッカーワールドカップのとき。日本代表の選手たちが、必勝祈願に訪れたことがきっかけだそうです。

では、なぜ日本代表が当社を訪れたかといえば……という話の前に、大化の改新の話などを少し。

大化元年（六四五）に、豪族中心の政治から天皇中心の政治へと転換させた政治改革が大化の改新ですが、この大業を成し遂げたのはご存知、中大兄皇子《なかのおおえのおおじ》と藤原鎌足《ふじわらのかまたり》。このふたりが親しくなったきっかけが蹴鞠だった、というのは有名な話です。

蹴鞠は六〇〇年代、つまり大和朝廷時代に中国から仏教とともに伝わりました。中国ではけっこう激しいスポーツでしたが、日本では、リフティングとアシストのうまさを競う、勝ち敗けを求めない、いたって平和な球技にアレンジされました。その友好的な蹴鞠を通じて親しくなったふたり

白峯神宮

が、手を取り合って大化の改新を成功させたというのはおもしろい話です。

そして、和歌とともに、この蹴鞠の師範を家業としたのが飛鳥井家。その飛鳥井家の跡地に建つのが当社です。飛鳥井家では邸内に蹴鞠の守護神である「精大明神《せいだいみょうじん》」を祀っていましたが、お参りをした公家の藤原成道《ふじわらのなりみち》は蹴鞠がみるみる上達し、蹴聖とまでいわれるようになりました。それ以来、蹴鞠の上達を願って、たくさんの人々が訪れるようになったそうです。

プロ選手からスポーツ少年までが参拝

いま、一四〇〇年の時を経て当社は球技

をはじめあらゆるスポーツに霊験あらかたとされています。境内には地元の京都サンガはもちろんのこと、全国のJリーガーや社会人ラグビーのチームなどの必勝祈願の絵馬が数多くかかっています。そのなかに混じって、「レギュラーになれますように」「優勝祈願　〇〇高校サッカー部」など、スポーツ少年やファンたちの熱い思いがあふれた絵馬も。

　また、境内にはたくさんのボールがあります。必勝祈願に訪れた選手たちが、勝利のお礼参りをしたときに奉納したものです。とくに社務所にはサッカーワールドカップやオリンピックの女子バレーボールで使用されたものが奉納され、じかに触ることもできるため、子どもたちには大人気。

　スポーツの上達を目指す人は、一度は訪れてみてはいかがでしょうか。

　同社の蹴鞠保存会によって、毎年四月一四日（春季例大祭・淳仁皇祭）と七月七日（精大明神祭・七夕祭）に奉納蹴鞠が行われます。

お守り　球技がうまくなると評判の「闘魂守」があり、プロ選手や学校やクラブチームの選手まで、多くのスポーツ選手が身に付けている。闘魂・根性育成の「叶う輪」

その他のご利益　芸能上達、社運隆昌　ほか

◈海外でも人気の招き猫

日本生まれの招き猫は中国や韓国、ベトナムなどアジアでも人気ですが、アメリカでもウケています。土産物屋などショップで売られていて「ウェルカム・キャット」または「ラッキー・キャット」と呼ばれています。ドル硬貨を持っている猫は「ダラー・キャット」です。

ただし、おもしろいことに、挙げている手の向きが日本とは逆。日本では手のひらを見せていますが、アメリカでは手の甲を見せています。これは、人を手招きするときの習慣の違いによるもの。

アメリカの映画やドラマなどで手招きをしているシーンを思い出してみてください。あれです。日本のように手のひらを相手に向けておいでおいでをすると、「こっちにおいで」ではなく、「あっちにいけ」という意味になってしまうからです。

◆海外にある日本の神社

神社といえば日本独自のものですが、神社は世界各国にあります。ほとんどは日系人を中心に広がったものですが、なかには日本で神道の修行をつんだ親日家が、母国で神社をつくった例もあります。

やはり、神社の数が多いのは日系人の多いハワイやブラジル。ハワイにはホノルル市にある「ハワイ出雲大社」や「ハワイ金刀比羅神社」「ハワイ太宰府天満宮」など、計七社あります。そしてブラジルのサンパウロ市にある「南米神宮」は静岡県の浅間神社の宮司だった方が昭和五三年（一九七八）に開いた神社。ブラジルには計一一社あります。

アメリカのワシントン州には、北アメリカに建立された初めての神道神社「アメリカ椿大神社」が。ここの神主さんは三重県の椿大神社で修行をして神職資格を取ったアメリ人の合気道家です。

椿大神社の祭神である猿田彦大神《さるたひこおおかみ》とともに、北アメリカの守護神の「アメリカ国土《こくど》国魂神《くにたまのかみ》」も祀っているところが、いかにも海外の神社です。

またワインで有名なフランス、ブルゴーニュ地方には「和光神社」があります。兵庫県の水屋神社から二〇〇六年に分社されましたが、ヨーロッパでは初の神社だそうです。フランス人のダニエル・ビヨさんが住職を務める光明院の境内に建てられました。

オランダはアムステルダム郊外にも「日蘭親善斎宮」という神社があります。宮司は日本で神道の修行をしたポール・ド・レオさん。ポール宮司は、ヨーロッパ各地で日本の企業の地鎮祭や竣功祭などをとり行うなど、オランダ以外でも活躍しているそうです。

◈素晴らしき日本の神社

あるアンケートによると、日本を訪れた外国人旅行者が感動したスポットとして、富士山や広島平和記念資料館、築地場外市場、原宿、秋葉原などをはさみながら、寺社が多数挙がっています。

●伏見稲荷大社「オー・マイ・ゴッド！　どこにも似ていない。素晴らしい」
●東大寺「こんなに大きな建物が木造だなんて信じられない」
●厳島神社「回廊の天井に海のきらめきが映る様が、信じられないくらい美しい」
●金閣寺「ロマンティック！」
●伊勢神宮「生きているうちにもう一度行きたい」
ほかにも清水寺、銀閣寺、三十三間堂、浅草寺、日光東照宮、明治神宮、高徳院（鎌倉大仏）などなど。

私たち日本人も、改めて日本の寺社の素晴らしさをかみしめたいものです。

【その他の学業成就・合格祈願】

札幌八幡宮（さっぽろはちまんぐう）
住所 北海道北広島市輪厚中央5－3－16 アクセス 中央バスの「札幌ターミナル」よりバス「輪厚（札幌八幡宮前）」下車、徒歩1分

亀戸天神社（かめいどてんじんしゃ）
住所 東京都江東区亀戸3－6－1 アクセス 総武線「亀戸駅」から徒歩15分

増上寺（ぞうじょうじ）
住所 東京都港区芝公園4－7－35 アクセス 地下鉄三田線「御成門駅」から徒歩3分

報徳二宮神社（ほうとくにのみやじんじゃ）
住所 神奈川県小田原市城内8－10 アクセス ＪＲ、小田急線「小田原駅」から徒歩15分

於保多神社（おおたじんじゃ）
住所 富山県富山市於保多町1－32 アクセス 富山地方鉄道「稲荷町駅」から徒歩10分

小松天満宮（こまつてんまんぐう）
住所 石川県小松市天神町1 アクセス ＪＲ「小松駅」からバス「大川町」下車、徒歩すぐ

福井神社（ふくいじんじゃ）
住所 福井県福井市大手3－16－1 アクセス ＪＲ「福井駅」から徒歩5分

飛騨山王宮日枝神社（ひださんのうぐうひえじんじゃ）※映画「君の名は。」の舞台の一つといわれている

住所 岐阜県高山市城山156　アクセス ＪＲ「高山駅」から徒歩20分

本居宣長ノ宮（もとおりのりながのみや）

住所 三重県松阪市殿町1533－2　アクセス ＪＲ・近鉄線「松阪駅」よりバス「市役所前」下車、徒歩5分

東寺（とうじ）

住所 京都府京都市南区九条町1番地　アクセス 近鉄京都線「東寺駅」から徒歩10分

枚岡神社（ひらおかじんじゃ）

住所 大阪府東大阪市出雲井町7－16　アクセス 近鉄奈良線「枚岡駅」からすぐ

安倍文殊院（あべもんじゅいん）

住所 奈良県桜井市安倍山645　アクセス ＪＲ・近鉄線「桜井駅」からバス「文殊院」下車、徒歩5分

柿本神社（かきのもとじんじゃ）

住所 兵庫県明石市人丸町1－26　アクセス 山陽電車「人丸前駅」から徒歩5分

防府天満宮（ほうふてんまんぐう）

住所 山口県防府市松崎町14－1　アクセス 山陽本線「防府駅」から徒歩15分

竹林寺（ちくりんじ）

住所 高知県高知市五台山3577　アクセス ＪＲ「高知駅」よりＭＹ遊バスで「竹林寺・牧野植物園前」下車すぐ

佐嘉神社（さがじんじゃ）

住所 佐賀県佐賀市松原2－10－43 アクセス JR「佐賀駅」よりバス「佐嘉神社前」下車すぐ

【その他の芸道上達・技芸上達】

芸能浅間神社（げいのうあさまじんじゃ）

住所 東京都新宿区新宿5－17－3 アクセス 地下鉄丸の内線・副都心線・新宿線「新宿三丁目駅」下車すぐ

烏森神社（からすもりじんじゃ）

住所 東京都港区新橋2－15－5 アクセス JR・地下鉄「新橋駅」から徒歩2分

関蝉丸神社（せきせみまるじんじゃ）

住所 滋賀県大津市逢坂1－15－6 アクセス JR「大津駅」から徒歩10分

天河大弁財天社（てんかわだいべんざいてんしゃ）

住所 奈良県吉野郡天川村坪内107 アクセス 近鉄線「下市口駅」よりバス「天河神社前」下車すぐ

4章

交通安全・旅行安全の御利益

御利益
交通安全

風光明媚の地に建つ陸奥一之宮
鹽竈神社《しおがまじんじゃ》

海上・交通安全、必勝・成功のご利益

生マグロの水揚げ日本一を誇る宮城県塩釜市。遠くに牡鹿《おじか》半島や金華山、目の前に松島湾の島々が望まれる一森山（海抜五〇メートル）に、地元の人たちから「しおがまさま」と呼ばれ親しまれている「鹽竈神社」があります。陸奥《みちのく》国一之宮として古くから海上安全・大漁満足の神さまと信仰を集めてきました。

住所　宮城県塩釜市一森山1-1
アクセス　JR仙石線「本塩釜駅」より徒歩15分ほか

御祭神は「塩土老翁神《しおつちおぢのかみ》」と「武甕槌神《たけみかづちのかみ》」「経津主神《ふつぬしのかみ》」の三柱。

「ちょっと聞きなれない神さまだな」と思う人もいるかも知れませんが、塩土老翁神は、古事記や日本書紀に出てくる海幸彦・山幸彦の話の中で、釣り針をなくして困っていた山幸彦を助けた神さまです。

そういえば、「ああ」と納得する人もいらっしゃるのでは？

また武甕槌神と経津主神は東北地方を平定した「武の神」で、鹽土老翁神はその道

案内をしたとも。

そのおかげで二人の神さまは無事役目を終えて帰ることができたため、「交通安全」や「必勝・成功」のご利益があると信じられるようになったそうです。

塩釜市民がいただく「しおがまさま」のパワー

鹽竈神社は「独眼竜」こと隻眼の大名、伊達政宗が興した伊達家の代々の殿さまが厚く尊崇し、「大神主」（宮司）として大切に保護してきました。

このためこの神社には宮司家が存在せず、禰宜《ねぎ》家が実質的な祭祀を執りおこなっているのだそうです。


神社がある一森山の神域は植物学的に南北の植物それぞれの限界地域で、フユザンショウやベニシダ、アカメガシといった珍しい植物が繁茂しています。

なかでもシオガマザクラは国の天然記念物に指定されている貴重なもの。サトザクラ系の八重桜で、昭和一五年（一九四〇）に境内にあった一本の古木が天然記念物になったものの、枯れてしまい、その後、苗木を丹精して育て、昭和六二年（一九八七）に再指定されました。例年、五月上旬に満開になるそうです。

平成二三年（二〇一一）の東日本大震災の津波で大きな被害にあった塩釜。

この神社のすぐ近くまで津波が押し寄せ

ました。
いま元気を取り戻しつつある市民の皆さんが楽しみにしているのが、七月に行われる「みなと祭り」。鹽竈神社の神輿を乗せた御座船が百数十隻の供奉《ぐぶ》船を従えて松島湾を渡御し、市民はみな「しおがまさま」のパワーをいただくのです。

志波彦神社 鹽竈神社の境内には、武甕槌神と経津主神が東北を平定したときに協力したとされる、志波彦大神（しわひこのおおかみ）を祀る志波彦神社が社殿を別にして建っている。神さまは別だが、神社は一体的に運営されている。

行事 「みなと祭」は毎年七月の第三月曜日。鹽竈神社の神輿を乗せた「鳳凰丸」と志波彦神社の神輿を乗せた「龍鳳丸」が供奉船を従え、松島湾内で平安絵巻さながらの海上渡御をくり広げる。

その他のご利益 家内安全・商売繁盛・安産・子授・長寿・良縁・縁結・合格などの祈願　ほか

御利益
交通安全

稲荷大神の御利益で事故防止

笠間稲荷神社《かさまいなりじんじゃ》

直径六メートルの茅の輪《ちのわ》で車のけがれを祓う

直径六メートルもある日本一の茅の輪を、マイカーやオートバイ、バス、トラックなどさまざまな自動車がくぐりぬけていきます。

毎年六月、「夏越《なご》しの大祓式《おおはらえしき》」の一環としておこなわれる笠間稲荷神社の「車の茅の輪くぐり」。車は茅の輪を「8」の字を描くように、左、右、左の順に三回くぐり、

交通安全を祈願します。

六月と一二月の晦日に行われる「大祓式」は、半年のあいだに人が知らず知らずのうちに犯した罪やけがれを祓い清める神事です。

茅《かや》はチガヤやスゲ、ススキなどの総称で、これでつくった輪をくぐることで、心身が清らかになるようお祈りするのです。

この神社の祭神、宇迦之御魂神《うかのみたまのかみ》の父親の須佐之男命《すさのおのみこと》が旅の途中、貧しいのに精いっぱいもてなしてくれた男に、「天下に疫病

住所　茨城県笠間市笠間1
アクセス　JR水戸線「笠間駅」下車、徒歩約20分
または夕クシーで5分　ほか

が流行ったら、茅の輪をつくって腰につければ、その害をまぬがれるであろう」と教えたという故事にちなんでいます。このご利益を現代文明の利器である車にも及ぼして、交通安全と事故の防止をはかろうというのです。

交通安全教室でドライバーの気持ち引き締め

笠間稲荷神社では「車の茅の輪くぐり」(六月二三日、笠間市田町の同神社外苑駐車場)に合わせて、交通安全教室も開いています。

シートベルトの模擬衝突体験などもあって、ドライバーの気を引き締めるにはぴったり。毎日のように車を運転している主婦がゴールド免許だというので聞いてみたら、運転前には必ず交通安全のお守りをぎゅっと握りしめて、「事故にあいませんように」とお祈りするのだとか。

「お稲荷さん」というとキツネを思い浮かべますが、キツネは稲荷大神のお使いであって神さまではありません。

日本には昔から「山の神・田の神」という信仰があります。春は山の神が里へ下り、田の神となって稲を育て、収穫を終えた秋には山へ帰って山の神になる。キツネも春から秋は人里に姿を見せ、収穫が終わるころには山へ姿を消すところから、神さまのお使いとされたようです。

また、お稲荷さんといえばお揚げ。笠間稲荷の近くに、大きなお揚げが乗った「稲荷そば」を出す老舗のお蕎麦屋さんがあります。

行事 日本で一番古い菊の祭典「笠間の菊まつり」は明治四一年（一九〇八）から続いている。高齢者を敬い尊び、長寿を祝う「尚歯祭（しょうしさい）」も大正5年から始まったこの神社の古くからの行事である。

その他のご利益 家内安全・商売繁盛・五穀豊穣・工事安全・事業繁栄・海上安全・大漁満足　ほか

御利益
旅と飛行安全

「谷根千」の隣町の「空の安全」を守る仏さま 飛不動尊《とびふどうそん》

住所　東京都台東区竜泉3－11－11
アクセス　東京メトロ日比谷線「三ノ輪駅」から徒歩8分　ほか

一夜で大峯山から江戸へ飛んできた！

谷中・根岸・千駄木を略して「谷根千《やねせん》」は、若い女性たちにも人気の東京の下町エリア。その谷根千の隣町、同じように下町情緒たっぷりの竜泉に、古くから「旅人の守り本尊」として人々の信仰を集めてきた「飛不動尊」、正式には「龍光山三高寺正寶《りゅうこうざんさんこうじしょうぼう》院《いん》」があります。

「飛不動尊」は伝教大師最澄《でんぎょうだいしさいちょう》が開宗した天台宗のお寺です。言い伝えによれば、室町時代の一五三〇年に、熊野から吉野に至る大峯山で修業した正山上人というお坊さんが諸国巡歴の途中、この竜泉の地で一筋の光とともに天に昇る龍の夢を見ました。「龍の夢は不動明王のご加護の現れだ！」。そこで正山上人は竜泉の村人たちの息災延命と自身の旅の安全を祈ってお不動様を刻み、この地に奉安しました。

こうしてお寺が創建されてからまもなくのころ、当時の住職がお不動様を背負ってはるばると大峯山にお連れしました。ご本尊が留守になった江戸の寺では、村人たちがお不動様を思って熱心に祈っていました。するとお不動様は一夜にして大峯山から江戸に飛び帰り、村人たちの願いを叶えてくださいました。以来、「空を飛び来て、衆生《しゅじょう》を守りたもう、お不動様」というわけで、「飛不動尊」と呼ばれるようになったそうです。

ゴルファーや受験生にも強〜い味方

このお寺のご本尊は飛不動尊です。本堂には飛不動尊を中央に、左側に大日如来《だいにちにょらい》、右側に阿弥陀如来《あみだにょらい》が安置されています。大日如来は宇宙のすべての営みの根本におはします仏さま、阿弥陀如来はすべての生きとし生けるものを救う仏さま。

創建のときから、「旅の安全を守ってくださるお不動様」として信仰を集めてきたことと「空飛ぶお不動様」が結びついて、近年では航空関係の仕事に携わる人たちが「空の交通安全」祈願のために参拝に訪れます。また、海外旅行に出かける人が飛行機の安全と道中の安泰を願って参拝する姿も多く見かけられます。

お寺では、こうした願いに応えるために、飛行機の形をした「飛行護《ひこうまもり》」や「航空安全」「飛行安泰」のステッカーとシールを授与していますが、なかでもすごいのが「飛不動尊の絵馬」。なんと不動明王の前を飛行機が飛んでいる！　お不動様が目をかっと開いて、飛行機の安全を見守ってくださっているのです。

また、「飛ぶ」というところから「ゴルフ護」も上達と安全を願うゴルフ好きの人たちに人気。「航空安全＝落ちない」というところから、受験合格祈願のために参拝する受験生や親御さんもいるそうです。

飛不動尊は「関東三十六不動霊場」の第二十四番にも数えられ、また、境内に恵比寿神が祭ってあるところから、下谷七福神の一つにも数えられています。三ノ輪から竜泉、下谷そして根岸と情緒たっぷりの街を、七福神をたどりながらの散策も楽しいもの。

近く飛行機で旅行をされる予定の人は、お不動様のご加護をいただきながら、江戸から続く下町の風情を楽しみに出かけてはいかがでしょう。

お守り　「飛行護」は金襴袋入りと根付け形がある。「飛不動尊ステッカー」「旅行安泰ステッカー」も。「ゴルフ護」は桜材に「飛不動尊　ゴルフ安全祈願」と金箔押ししたもの。いずれもお寺で直接授与してもらうほか、FAXやメール、手紙で申し込むこともできる。

行事　毎年一二月一三日に人がそれぞれに持つ星を祭り、厄を祓って福徳を増すように祈願する星まつり「尊星供」（そんじょうく）をおこなう。

その他のご利益　厄除・八方除・方違（かたたがえ）・六三除（ろくさんよけ）・虫封じ　ほか

御利益
旅と交通安全

八幡大神に祈る「旅の安全」

富岡八幡宮《とみおかはちまんぐう》

住所　東京都江東区富岡1－20－3
アクセス　東京メトロ東西線「門前仲町駅」より徒歩3分　ほか

「四千万歩の男」伊能忠敬が必ず参拝

人々のさまざまな願い事（諸願）を等しく叶えてくださる霊験あらたかな神さまで「深川の八幡さま」と親しまれている「富岡八幡宮」。

江戸時代に一七年をかけて北海道から九州までの海岸部をくまなく歩き、本邦初の正確な日本地図をつくりあげた伊能忠敬が、測量の旅に出るときは必ず立ち寄って、道中の無事を祈っていました。

忠敬については、中学校の歴史の教科書に載っていたし、劇作家の井上ひさしが『四千万歩の男』という小説に書き、テレビドラマ化されたこともあります。彼が住んでいたのが当時は深川黒江町と言った、いまの門前仲町一丁目。

いま、富岡八幡宮の境内の大鳥居横に忠敬の銅像が立っています。測量開始から二百年を迎えた平成一三年（二〇〇一）に建立されました。胸を張り、両手を大きく振って、力強く大地を踏みしめ、しっかりと前を見据えて大股に歩く忠敬の姿からは、八幡大神のご加護を信じて、どんな困難にも立ち向かう覚悟と意志の強さが感じられます。

滝田洋二郎監督と岡田准一も安全祈願

こんなわけで、「旅行の安全」や「交通安全」を祈って参拝する人たちも多いのです。

平成二四年（二〇一二）には、滝田洋二郎監督の映画『天地明察』のキャンペーン隊の安全祈願出発式がおこなわれて話題になりました。

この映画で岡田准一が演じた江戸時代前期の天文暦学者、安井算哲がやはり全国各地で北極星を観測する旅に出発するとき、安全を祈願したのがこの神社でした。算哲は、それまで使われていた中国の暦に代わる大和暦を作成した人。

中国と日本の時差を計算に入れて正確な暦をつくるためには、どうしても日本各地の正確な地理や位置を計測する必要がありました。

富岡八幡宮の創建は寛永四年（一六二七）。横浜市にある富岡八幡宮を分霊したとされ、徳川将軍家の保護を受けて栄えてきました。

御祭神は応神天皇（誉田別命《ほんだわけのみこと》）、神功皇后、仁徳天皇、天照大御神など八柱です。

江戸勧進相撲発祥の地として知られ、境内に初代・明石志賀之助以来の歴代横綱の四股名を刻んだ横綱力士碑と、同様に歴代大関の四股名を刻んだ大関力士碑が立っています。

行事 八月一五日を中心に行われる例祭は、赤坂・日枝神社の山王祭、神田明神の神田祭とともに「江戸三大祭」のひとつに数えられている。三年に一度、八幡宮の御鳳輦（ごほうれん）が渡御をおこなう本祭りには、大小合わせて一二〇数基の町神輿がくり出して、勇壮な絵巻をくり広げる。毎月第一・第二日曜日の骨董市は、一〇〇以上の出店が並ぶ。

その他のご利益 厄除・家内安全・交通安全（自動車のお祓い）・商売繁盛・社内安全・社運隆昌・営業繁栄 ほか

御利益
交通安全

ここが日本の「交通安全発祥の地」谷保天満宮《やぼてんまんぐう》

住所　東京都国立市谷保5209
アクセス　JR南武線「谷保駅」下車、徒歩3分　ほか

「自動車の宮さま」が国産第一号車で日比谷から遠乗り

「交通安全発祥の地」と称する神社が、東京都国立市にあります。湯島、亀戸と並ぶ関東三天神のひとつ「谷保天満宮」。「学問の神さま」菅原道真《すがわらみちざね》を祭る天神さまと「交通安全」との関係は？　そのあいだを取り持ったのは「自動車の宮さま」でした。

宮さまの名は有栖川宮威仁《ありすがわのみやたけひと》親王。幕末の動乱期、第一四代将軍の徳川家茂《いえもち》と政略結婚させられて、〝悲劇の皇女〟といわれた和宮の許婚だった有栖川宮熾仁《たるひと》親王は、この方の腹違いの兄です。それはともかく海軍軍人となってイギリスに留学した威仁親王は、明治三六年（一九〇三）に「ダラック号」というフランス車を持ち帰り、これを参考に明治四〇年（一九〇七）につくられた国産初のガソリン車「タクリー号」の第一号車のオーナーになりました。

そして翌四一年八月一日、宮さまは「タクリー号」のお披露目を兼ねて、ダラック

谷保天満宮

号を先頭に日比谷公園から谷保天満宮までの遠乗り会を催しました。参加車一一台が事故も故障もなく往復の甲州街道を走りきったことが、いまに伝わる「交通安全発祥」の所以です。

「タクリー号」の絵馬に運転の安全を願掛け

「天神さま」といえば、道真の「東風吹かば　匂ひをこせよ　梅の花……」にちなんで梅林。谷保天満宮にもタクリー号がお披露目された梅林がほぼ当時のままに残され、「有栖川宮威仁親王殿下台臨記念碑」が立っています。平成二四年（二〇一二）八月一日にはタクリー号のレプリカの完成披露会が開かれました。

こんな由緒から、タクリー号を描いた交通安全の絵馬が大人気。タクリー号は馬車の前に、馬の代わりにボンネットを付けたような形で、なんとも懐かしさを感じさせるスタイルです。「日本最初のドライブツアー」と銘打った「交通安全御守」も人気。交通安全祈願とは別に、専用の祈祷場所で自動車の安全祈願もしてもらえます。

もちろん、ほかの天神さまと同様、受験シーズンともなれば受験生とその家族で大にぎわい。合格祈願の「絵馬・お札・御神筆」のセットをいただき、めでたく合格の暁には、絵馬に描かれている神牛に目を入れて、お礼の気持ちをお納めするのが習わしです。

お守り 除災招福・諸祈願達成の「生芽（うめ）の矢」は正月のみの授与品。「御神筆」の付いた「合格御守」を受けて合格した人は、お礼に「合格御礼絵馬」を奉納する。梅の花が表紙にあしらわれ、青い空をイメージする水色が施されたパステル調の「御朱印帳」は女性たちに人気だ。

行事 一月は正月飾りやお守りなどを焚き上げる「どんど焼き」、書道上達や学問をすすめる「筆供養」。二月か三月には梅祭りが開かれる。一二月には境内にアンティークカーが集まる「旧車祭」。

御利益
旅の安全・交通安全

穂高神社《ほたかじんじゃ》

北アルプスに鎮座する海の神さま

住所　長野県安曇野市穂高6079
アクセス　JR大糸線「穂高駅」下車徒歩3分　ほか

御祭神「穂高見命」は古代「安曇氏」の祖神

日本第三位の高峰、北アルプス穂高岳の名を取った神社で、通称「日本アルプスの総鎮守」。

本宮は長野県安曇野市、上高地に奥宮、そして嶺宮が奥穂高岳（三一九〇メートル）の頂上に祀られています。山ガールならずとも、行ってみたくなる所ばかりですね。参考までに「穂高岳」とは奥穂高岳のほか北、前、西などからなる穂高連峰の総称です。

それはともかく、こんな高い山の中にある神社に、なぜ「交通安全」のご利益があるのでしょうか。

それは御祭神の穂高見神《ほたかみのかみ》と関係があります。穂高見神は古代、北九州を本拠地に大陸との交易で栄えた海神《かいしん》族、安曇氏の祖神《おやがみ》です。その後、安曇氏は全国に散って行ったため、一族の新たな本拠地として祖神を祀ったのがこの地。

つまり海上の安全を守る神さまから転じて、いまでは旅の安全、交通安全のご利益あらたかな神さまとなったようです。

　そんなわけで、ひょうたんのようなかわいらしい形の「旅行安全・交通安全」のお守りと、「交通安全守護　穂高神社」と記したオレンジ色の反射板はともに大人気です。

身代わりになってくれた神さまのステッカー

　神社のホームページには、「穂高の神さまに助けてもらった」という話がたくさん載っています。

「正月に欠かさず交通安全のご祈祷をしていただいています。ある日、目撃した人が死亡事故だと思うほどの事故にあいましたが、私は無傷でした」

「車は大破したのに、私は無事でした。見ると穂高神社のステッカーが割れていました、神さまが身代わりになってくれたのだと感じました」

　などなど。

　奥宮が鎮座する上高地の明神池もパワースポットとして有名です。針葉樹林に囲まれ、伏流水や湧水を集めて澄みわたり、水面に四季折々の景色を映す明神池は、いかにも霊気が満ちあふれている感じの荘厳なムード。

　至るところにパワースポットがあるそう

で、自分なりのスポットを決めて運気パワーを取り込めるそうです。
運気をいただいたあとは、安曇野散策。北アルプスの山並みを眺めながら、「日本のふるさと」といわれる田園に歩みを進めれば、きっと身も心も癒されるでしょう。

お守り 家内安全、商売繁盛など諸願成就のお札・お守のほか学業成就守、合格守、道祖神守など。トライアスロン愛好家の有名弁護士が痛めた足を押してレースに出場したとき、娘たちが父親に見せて励ましたとテレビで紹介された「力お守り」もある。

行事 毎年九月二七日におこなわれる「御船祭」は、この神社が海洋民族に由来することをいまに伝えている。船形の山車に穂高人形を飾った大小五艘のお船が、笛や太鼓の囃子にのって境内を練るさまは、歴史絵巻を見るかのよう。一〇月八日には奥宮の御船神事が明神池に二艘のお船を浮かべておこなわれる。

その他のご利益 人形のお祓い・歩行安心・安産祈願　ほか

御利益
旅の安全・交通安全

日本神話の「みちひらきの神」猿田彦神社《さるたひこじんじゃ》

住所 三重県伊勢市宇治浦田2－1－10
アクセス JR東海「伊勢市駅」より三重交通バスで「猿田彦神社前」下車 ほか

天照大御神のお使いを先導した神さま

「天孫降臨」をご存じですか？ その昔、瓊瓊杵命《ににぎのみこと》が天照大御神《あまてらすおおみかみ》から授かった「三種の神器」を携えて高天原《たかまがはら》から高千穂に降り立ったという日本神話で、いまの天皇家に続く大和朝廷がどうやってできたかというお話です。

このとき、瓊瓊杵命を先導（案内）したのが、この神社に祭られている「猿田彦大神」で、「みちひらきの神」として信仰を集めてきました。

人生のあらゆる面で「最初の一歩」を手助けしてくださる神さまというわけです。仕事でも勉強でもスポーツでも、何事も最初が肝心なのです。

恋だって、相手の心をぐっとつかむには、あなたの最初の一言が大切でしょう。

そして、高天原から高千穂への道なき道を無事に、瓊瓊杵命をお連れしたことにあやかって、「交通安全」の神さまとしても信仰を集めるようになったのです。

　願いがあっても、最初の一歩が踏み出せないという人に人気なのが「はじめの一歩御守」と、この神社独特の「みちびきの舞」の絵馬。交通安全のお守りやステッカーもいろいろあります。

境内に芸能の神さま、祈れば恋も成就

　猿田彦神社の御祭神は猿田彦大神と、その子孫の大田命《おおたのみこと》。

　宮司は宇治土公《うじのつきぎみ》という姓で大田命の子孫とされ、代々伊勢神宮で重要な職を担ってきました。神社の場所も内宮の近くで、外宮→猿田彦神社→内宮の順で参拝する人も多いようです。

　境内には「芸能の神さま」の佐瑠女神社《さるひめじんじゃ》があります。こちらの御祭神は天宇受売《あめのうずめの》命《みこと》。天照大御神が須佐之男命《すさのおのみこと》の乱暴狼藉を悲しみ、天岩戸《あめのいわと》に隠れて高天原が真っ暗になったとき、岩戸の前で妖艶な舞いを踊って、天照大御神に戸を開けさせたという神さまです。

　この神話から踊りなどの芸能やお稽古事の上達にご利益があると信じられ、芸能人の参拝も多いとか。「恋愛の神さま」でもあるので、恋を成就させたい人にはゼッタイおすすめです。

　もうひとつ、境内にあるパワースポットが、本殿前にある八角形の「方位石」。自

分の運気を上げたいときに、上げたい方位に触れてお祈りをします。
そのためには、風水の本などで自分の良い方位、悪い方位などを調べておくといいでしょうね。

お守り 「交通安全御守」は自動車やバイクのほか通勤通学の安全のお守り。「交通安全　猿田彦神社本社伊勢市」と記したステッカー（反射板）やお札型、キーホルダー型など多くのお守りがある。「みちびきの舞」が描かれた絵馬には、願いを良い方向に導く願いが込められている。佐瑠女神社にも良縁御守や芸能御守など。

行事 毎年五月五日の「御田祭」は、三重県の無形民俗文化財に指定されており、神饌として飛魚を献上する風習がある。

その他のご利益 工事安全・方除・家内安全・商売繁盛・安産祈願・病気平癒・合格祈願・心願成就　ほか

御利益
航空安全・旅行安全

飛行神社《ひこうじんじゃ》

ジュラルミン製の鳥居で空を守る

住所　京都府八幡市八幡土井44
アクセス　京阪電鉄「八幡市駅」から徒歩5分ほか

カラスの滑空を見て飛行原理を発見した創建者

「キャビンアテンダントの試験に合格しますように」

若い女性が絵馬にこんな願掛けをして奉納する神社が、京都府八幡《やわた》市にあります。大正四年（一九一五）に創建された「飛行神社」。なぜ、こんな名がついたかと言えば、創建者の二宮忠八翁が日本の飛行機研究の先鞭をつけた人だったから。

江戸から明治に変わる直前の慶応二年（一八六六）生まれの忠八は、子どものときから空を飛ぶものに興味をもち、二十歳を過ぎたころ、カラスが羽ばたきを止め、ゴ風に乗って滑空する姿にヒントを得て、ゴム動力でプロペラを回して飛ぶ固定翼の「カラス型飛行器」をつくりました。それまでヨーロッパなどで考えられた飛行機の多くは、鳥のように翼をばたばたさせるものでしたから、これは新しい「飛行原理」の発見でした。

さらに忠八は明治二六年（一八九三）、人が乗れる「玉虫型飛行器」を考案・設計しました。

ところが、実用化に成功する前の同三六年（一九〇三）、アメリカからライト兄弟による人類初の有人・動力飛行成功の知らせが。先を越された忠八は無念の涙とともに飛行機の開発を断念しました。

しかし、その後、飛行機は急速に発達し、それにともなって事故などの犠牲者も増えてきたため、飛行機を志した人間の務めとして航空殉難者の霊を慰めようと自邸内に飛行神社を創建し、自ら宮司に。もし忠八がもっと早く玉虫型飛行器を完成させていたら、ライト兄弟に与えられた栄誉は忠八の上に輝いていたかもしれません。

御祭神は「天磐船《あめのいわふね》」という、いわば〝飛行船〟に乗って地上に降り立ったといわれる饒速日命《にぎはやひのみこと》。

さらに社殿には、世界中すべての航空殉難者の霊、薬祖神、金毘羅《こんぴら》神が祀ってあり、飛行機に携わるさまざまな職種の人たちが参詣に訪れるほか、「落ちないように」願う受験生とその家族にも人気のパワースポットです。

航空ファン必見の資料館、日本一の模型コレクション

この神社の鳥居は飛行機の機体に使われるジュラルミンで作られています。これも

なかなか変わっているけれど、その奥にある拝殿はなんと古代ギリシャの神殿風。両方とも忠八の「飛行原理発見一〇〇周年」を記念して平成元年（一九八九）に建てられました。

境内には、かつての航空自衛隊の主力戦闘機、「F104スターファイター」のエンジンの実物や、宮崎駿監督の『風立ちぬ』で改めて話題になった旧日本海軍の「零式艦上戦闘機」、通称「ゼロ戦」の無残に破壊されたエンジンが展示されています。海に墜落したゼロ戦を引き上げて収容したものといい、グニャリと曲がったプロペラが、海面に衝突したときの衝撃のすさまじさを物語って、改めて戦争のむごたらしさ、ひいては「安全」の大切さを私たちに語りかけてくるようです。

じつは飛行神社の人気のもうひとつの秘密は、充実した資料館です。

航空ファン垂涎の的の珍しい飛行機の模型や、実際に飛んでいた飛行機の各種の機器などが、小ざっぱりした展示室に整然と並べられています。

人工衛星の打ち上げに使われたロケットや通信衛星の模型もあり、忠八が遺した写真、スケッチや模型などとあわせてみると、まさに航空の歴史そのもの。

さらに飛行機ファンが泣いて喜びそうなのが、飛行機プラモデルの展示室。数え切れないほどの展示は全国の有志の手になるものだそうで、「日本一の飛行機模型コレクション」と絶賛されるのもうなずけます。

飛行神社のある京都府八幡市は日本三大八幡宮のひとつに数えられる「石清水八幡《いわしみずはちまん》宮《ぐう》」の門前町として栄えてきましたが、市内に「松花堂庭園・美術館」という国の史跡があります。ショウカドウ？　そう、お察しのとおり、四角い箱の中に十字の仕切りが入った「松花堂弁当」は、この史跡に由来するそうです。

お守りと絵馬　二宮忠八が考案した「カラス型飛行器」をデザインしたお守り（袋守り）と絵馬が人気。カード型のお守りには、忠八が飛行原理を発見するきっかけになったカラスが描かれている。「合格御守」、「飛行神社御守護」と記した交通安全のお札も。

行事　毎年一月一日は今年一年の国家の安泰と航空安全を祈願する歳旦祭、忠八がカラス型飛行器を飛ばすことに成功した四月二九日は航空界のさらなる安全と発展を祈る年次祭（年次祭は奉賛会員のみ）。

その他のご利益　旅行安全・交通繁昌・合格祈願　ほか

御利益
旅行の安全

首途八幡宮《かどではちまんぐう》

〝イケメン義経〟ゆかりの神社

住所　京都府京都市上京区智恵光院通今出川上ル桜井町102-1
アクセス　JR京都駅から市バス101系統北大路バスターミナル行き「今出川大宮」下車、西へ徒歩5分　ほか

牛若丸が祈った奥州までの旅の無事

「源義経」といえば、日本のイケメンの代表格。時代劇では美男が演じる役の筆頭に挙げられ、NHK大河ドラマでは昭和四一年（一九六六）に、当時、菊之助を名乗っていた現在の七代目尾上菊五郎が、それから三九年後の平成一七年（二〇〇五）には滝沢秀明が演じて話題になりました。その義経ゆかりの神社がこの「首途八幡宮」。

社伝によれば、平安時代末期の承安四年（一一七四）三月三日の夜明け、まだ「牛若丸」と呼ばれていた義経は、平氏の迫害から逃れて奥州平泉の藤原秀衡《ふじわらひでひら》を頼るために、金売吉次《かねうりきちじ》に伴われて秘かに京の都を出発しました。そのとき道中の安全を祈願したのが吉次の京屋敷の近くにあった「内野八幡宮」。これが由来となってのちに「首途八幡宮」と呼ばれるようになり、「旅行の安全」を守ってくださる神さまとして信

首途八幡宮

仰を集めるようになりました。

義経出発から八三〇年の平成一六年（二〇〇四）には「源義経奥州首途之地」の石碑が建立されましたが、御祭神は誉田別尊《ほんだわけのみこと》（応神天皇）、比賣《ひめ》大神《おほかみ》、息長帯姫命《おきながたらしひめのみこと》（神功皇后）です。

砂金にあやかった福鳩、金運が開けるかも

この神社があるのは西陣織で有名な西陣地区。鳥居をくぐると門扉に取り付けられた鳩のレリーフが迎えてくれます。鳩は八幡さまのお使い。お守りも土鈴も、備え付けの手水舎やポストまでみんな鳩。なかでも芸術院会員で京都市の文化功労者にも選

ばれた三輪晃勢《みわちょうせい》画伯の筆になる白鳩に桃の花をあしらった絵馬は、思わず息をのむような美しさ。

源氏物語の時代、このあたりに桃園親王の館があったことにちなんだ、桃の実に二羽の福鳩を配した絵馬、中尊寺の金色堂に象徴される「奥州の砂金」にちなんで、金泥で「首途八幡宮」と書かれた福鳩の土鈴も、「幸せと金運をもたらす」と大層な人気です。

社殿で出かける旅の安全や交通安全の祈願を済ませ、いまでも春には桃の花が咲くしっとりとした境内を散策したあとは、近くの鳥料理店、昭和二〇年（一九四五）からこの地で営業しているという老舗「西陣鳥岩楼」で、京都の「水だき」はいかが。お昼どきだけのメニュー、親子丼もよそでは決して味わえないおいしさです。

お守り 二種の絵馬、福鳩土鈴、旅行鞄やクルマなどに貼る旅行・交通安全ステッカーや袋入りの「旅行安全御守」「首途八幡宮御守」のほか、義経にちなんだ「鳩守り」（旅行安全）、一二の吉祥開運の菊模様をデザインした「鈴守り」（開運厄除）、カイコの繭を三つ重ねた「繭守り」（開運招福）の三種のお守りが大人気。 **行事** 毎年三月二日夜から三日午後にかけて「義経首途祭」を行い、王朝衣装をまとった舞人、楽人が今様を奉納する。

その他のご利益 小児の虫封じ・安産・厄除・勝運・必勝祈願　ほか

御利益
交通安全

旅から「無事に帰り来る」ことを祈願

西院春日神社《さいいんかすがじんじゃ》・還来神社《もどろきじんじゃ》

住所　京都府京都市右京区西院春日町61
アクセス　阪急電車／京福電車「西院駅」下車、徒歩約3分　ほか

「病気の神さん」の境内にたたずむ小社

古くから京都で「病気の神さん」と親しまれている「西院春日神社」。

その境内に「旅の安全」のパワースポット「還来神社」があります。「還来」は「かえりくる」、つまり「無事に帰ってくる」という意味。小さなお社ですが、そのご利益はあらたかで、先の大戦中は兵隊に行った夫や兄弟などの無事を祈る家族が大勢訪れたとか。

いまは「旅の道中の安全」から連想して「身体安全・家内安全・交通安全」のお守りが大人気です。

なぜ奈良の「春日大社」と同じ神さまを祭る「西院春日神社」に「還来神社」があるのでしょうか。

社伝によれば、平安時代初期の貞観《じょうがん》一六年（八七四）、この地にあった淳和《じゅんな》天皇の皇后・正子《まさこ》内親王の御所が火事になったとき、広い御所の中の御殿（住まい）だけが

類焼をまぬがれました。喜んだ内親王が「これは神の御加護である」と仰せられたという故事から社を建て、「還来の大神」として正子内親王ほか三柱の神さまを祭ったということです。

いまも天皇・皇后両陛下の海外訪問の際は、お守りが献上されるそうです。

願いがかなったら、「梛石」にご報告

「還来神社」のパワーをいただくために、いまもおこなわれているのが「わらじ奉納」。

わらじ（草鞋）は昔の旅の必需品。藁でつくったわらじを奉納したあと、近くにある「梛石《なぎいし》」を手で撫でるのが、旅の安全祈願のセットになっているよう。

そして、無事に帰ってこられたら、もう一度お参りにきて梛石を撫でて報告するのだそうです。

ちなみに、この石のすぐうしろには「梛の神木」もあります。

「梛」は「凪」に通じ、海上の風波が鎮まることを意味することから、この木の葉は「災難除け」のお守りになるといわれていますが、「海上安全＝旅の安全」にも通じているようです。

また、春日神社の境内にある「仁孝天皇御胞衣《おえな》塚　御胞衣埋蔵之地」は、安産や子授け、母体の健康や子どもの成長を祈る

人々のお参りがたえません。御胞衣とは、胎盤つまり、後産と呼ばれるもの。宮中では、御胞衣を吉方にあたる場所に埋蔵する習わしがあり、寛政一二年（一八〇〇）仁孝天皇ご誕生の折りに、埋蔵されたのだそうです。

お守り 神様のお使いである鹿をあしらい、「京都西院春日神社」と記した「身体安全・家内安全・交通安全」の守り札は、玄関先や自動車、バイク、自転車、旅行鞄などに張ると、ご利益がいただけるステッカーの守り札。ほかに「傷病平癒祈願」「厄除け」「旅行安全」「勾玉（まがたま）」「交通安全」の袋守りなど。

行事 数年前に発見された「病気を癒す」と伝説のパワーストーン「疱瘡石（ほうそういし）」を毎月一日、一一日（ご縁日）、一五日に本堂内で公開。

その他のご利益 安産・子授け・乳幼児健康祈願　ほか

御利益
交通安全

「タヌキダニのお不動さん」
狸谷山不動院《たぬきだにさんふどういん》

住所　京都府京都市左京区一乗寺松原町6
アクセス　市バス「一乗寺下り松町」から徒歩約10分ほか

タヌキはあらゆる災難を取り除く「吒怒鬼」

《武蔵は約束の「一乗寺址下り松」には背後から山道を駆け下り、一気に幼い名目人を斬った》。吉川英治『宮本武蔵』の名場面です。その名をいまに残す京都市営バスの停留所「一乗寺下《さが》り松町」でバスを降り、かなり急な坂道を一〇分ほども登ると、「タヌキダニのお不動さん」と親しまれている「狸谷山不動院」があります。

なぜ「タヌキ」かと言えば、平安時代、桓武《かんむ》天皇の勅願により祀られたご本尊の「不動明王」が、悪鬼退散の霊験著しい「吒怒鬼《たぬき》不動明王」として敬いあがめられたから。そこからお不動さまと同じ名前のタヌキにも妖怪を追い返す力があるということになり、いまや人気の「狸のお守り」につながっているようです。

お不動さまの最大のご利益は、あらゆる災難を取り除いてくださる厄除け。「交通安全」のご利益も、もとはと言えば厄除け

狸谷山不動院

から派生したもので、この不動院には昭和二〇年代の後半から交通安全祈願のお祓いを受ける人が増えはじめたとか。自動車祈願殿があり、京都では「狸谷山」と書かれた交通安全のステッカーを貼った車をよく見かけます。

健脚、ガン封じ、夏バテ防止、ストレス解消……

この「タヌキダニのお不動さん」、名前に負けずお守りもなかなかユニーク。たとえば二五〇段もある石段の途中に立っていらっしゃる「お迎え大師」には、健脚祈願の「草履のお守り」がたくさん結わえられています。「足腰元気宣言！　ＫＥＮＫＯ

250」というイベントもあって、この階段を一回登りきるごとに「健康カード」にスタンプが押され、一〇個たまると「健康の証」が授与されて、本殿に名前が掲示されるのだそう。

「ガン封じの笹酒せったい」というのもあります。お不動さんの一年で最初の縁日（初不動）の一月二八日、ガン封じにご利益があるという護摩の火で温めた青竹の筒の笹酒を、山伏姿の僧侶から青竹の杯に注いでもらいます。ガン封じの「なで御幣」は、不動明王の真言を唱えながらこれで悪いところを撫でるとよいというもの。本殿の前の願掛け柱には「ガン予防絵馬」がたくさんかけられています。

七月二八日の「火渡り祭」は夏バテ防止、ストレス解消にもご加護があるとか。

お守り 交通安全のお守りはステッカーつきの「自動車・バイクのお守り」、追突よけステッカーとお札がセットになった「交通安全おふだ」、キーホルダー型やミニステッカーなどいろいろ。タヌキは「他抜き」、つまり他を抜くというところから商売繁盛、芸事上達などのご利益があるという「狸の鈴守り」、トイレを清浄に保つ「トイレのおふだ」などもある。

行事 五月三日は春の大般若祈願会。一一月三日の「秋まつり」は、山伏による壮大な野外大護摩祈祷。

御利益
交通安全

道案内と縁結びの神さま
須賀神社《すがじんじゃ》・交通神社《こうつうじんじゃ》

住所　京都府京都市左京区聖護院円頓美町1
アクセス　市バス「熊野神社前」下車、徒歩5分　ほか

三柱の神さまのご加護で安全をがっちりガード

「聖護院大根」や「聖護院かぶら」で有名な京都市左京区聖護院地区に、節分の日だけに「懸想文売り《けそうぶみうり》」という怪しげな二人組が登場し、女性たちの人気を集める須賀神社があります。

懸想文はラブレター。烏帽子《えぼし》に水干《すいかん》、覆面で顔を隠したこの二人組から秘密の懸想文を買い、鏡台やタンスの引き出しに入れておくと、美人で衣装持ちになり、良縁に恵まれるというので、若い女性はもちろん、娘のために買っていくお母さんも多いとか。

この須賀神社と本殿を分け合っているのが「交通神社」です。

御祭神は八衢比古神《やちまたひこのかみ》と八衢比賣神《やちまたひめのかみ》の夫婦神、そして道案内の神さま、久那斗之神《くなどのかみ》の三柱。日本書紀によると、伊奘諾尊《いざなぎのみこと》が黄泉《よみ》の国で雷神に追いかけられたときに、「これ以上来るな」と杖を投げつけました。そ

須賀神社

の杖を「くなどのかみ」と名付けたとのこと。

また、八衢比古神と八衢比賣神は道の分かれ目で魔物を防ぐ神さま。つまり、この三柱の神さまが力を合わせて、現代社会の交通地獄から私たちを守ってくださるのです。

同じ本殿に二つの神社、犬や猫のお守りも

須賀神社は平安時代に創建された由緒ある神社、御祭神は素戔鳴尊《すさのおのみこと》と櫛稲田比売命《くしいなだひめのみこと》の、こちらも夫婦神です。昔々、八岐大蛇《やまたのおろち》の生贄《いけにえ》にされそうになった櫛稲田比売を素戔鳴が助けて結婚し、仲良く暮らしたとい

う言い伝えから、縁結びと家内安全のご利益のある神社として人々に信じられるようになりました。
　もともと八衢比古など三柱の神さまと一緒に祭られていましたが、交通安全の霊験もあらたかと評判になったところから、東京オリンピックが開かれた昭和三九年（一九六四）に「交通神社」として創建されました。いまは本殿の同じ屋根の下、向かって右に須賀神社、左に交通神社が鎮座しています。
　毎年一二月三日は交通神社の鎮座記念祭で交通安全の大祓がおこなわれます。また、人やクルマの安全だけでなく、犬や猫も交通事故や災難に遭わないようにと、犬猫用のお守りも授与され、足の裏の肉球の刺繍《ししゅう》の入ったかわいらしいお守りもあります。

お守り 須賀神社の懸想文は、今年の干支（えと）から来年の干支に宛てた恋文がしたためられており、良縁のほか商売繁盛のご利益も。節分祭りの二月二・三日にはこの懸想文を買い求めようと、若い女性が大勢やってくる。

行事 須賀神社の節分祭にだけ境内で販売される名物が、大徳屋本舗の「須賀多餅」。〝年に一度のおいしい須賀多餅〟と書かれた仮店舗には緋もうせんが敷かれ、福茶とともにいただく。

御利益
海上交通の守り神

四国の「こんぴらさん」
金刀比羅宮《ことひらぐう》

住所　香川県仲多度郡琴平町892－1
アクセス　JR「琴平駅」下車、徒歩30分　ほか

「交通安全」は日本一の功徳の評判

♪金毘羅　船船　追い手に　帆かけて
シュラシュシュシュ　回れば
四国は　讃州《さんしゅう》　那珂《なか》の郡《ごうり》　象頭山《ぞうずさん》
金毘羅大権現《こんぴらだいごんげん》
いちど　まわれば……

四国の「こんぴらさん」と呼ばれ、親しまれてきた金刀比羅宮は、神代から続く由緒ある神社です。それがいつのころからか、神も仏も同じという本地垂迹説《ほんじすいじゃくせつ》の影響を受けて「金毘羅大権現」と改称し、江戸時代は「象頭山松尾寺金光院」という真言宗のお寺でした。それが明治維新で神仏混淆《しんぶつこんこう》が廃止され、元の神社に戻ったのです。

ちなみに「権現」とは、「仏」が仮に「神」の形をとってこの世に現れたもの。

御祭神の「大物主神《おおものぬしのかみ》」は、天照大御神《あまてらすおおみかみ》の弟の素戔嗚命《すさのおのみこと》の子で、まさに本流中の本流の神さま。農業殖産、漁業航海、医薬、技芸など広範な神徳をもつとされており、とりわけ海上交通の守り神として船員や漁師

など海の仕事に従事する人たちの厚い信仰を集めています。
「交通安全に関しては、日本随一の功徳」という声もあり、旧日本海軍の慰霊祭や海上自衛隊の殉職者の慰霊祭もおこなわれています。

「幸せ」がいただける「笑顔元気くん守り」

昭和六一年（一九八六）にシブがき隊が歌ってヒットした『スシ食いねェ！』という歌があります。じつはこのタイトル、『石松代参三十石船』という浪花節の有名なセリフからきています。清水次郎長の子分の森の石松が、親分の代わりに金毘羅さんにお参りした帰り道、大阪から京都へ向かう船の中で乗り合わせた客と交わす会話のひとつです。

庶民の旅行が原則禁止されていた江戸時代、神仏への参拝はその限りではなかったため、「讃岐の金毘羅大権現」は大変な人気でした。しかし、江戸などからの旅は非常な苦労もあったため、旅慣れた人に代わって参拝に行ってもらうこともあったのです。これが「代参」。なかには犬に代わりを務めさせる人もいて、「こんぴら狗《いぬ》」と呼ばれていました。

このように人気と知名度に比例して、エピソードも数多い金刀比羅宮ですが、いま参拝者に大人気なのが「笑顔元気くん守り」。宮司さんが「純粋無垢」な子どもをイメージして描いたというイラスト入りのお守りは、「幸せがもらえる」と評判です。

お守り 「笑顔元気くん守り」と並んで大人気なのが、〝幸福の黄色いハンカチ〟ならぬ「幸福の黄色いお守り」。飼い主に代わってお参りした可愛らしい犬をかたどった「ミニこんぴら狗」もある。交通安全のお守りにはシートベルト用やカーエンブレム、ステッカーも。海の安全祈願では「海上安全」「大漁満足」の大漁旗、帆かけ船を描いた絵馬も。

行事 「金刀比羅祭」と呼ばれ、毎年一〇月九〜一一日におこなわれる「大祭」のほか、「桜花祭」「田植祭」「潮川神事」「蹴鞠」など独特の祭典・行事がある。

長い参道の石段 奥社まで登ると一三六八段の階段が有名。大祭に合わせて毎年、「こんぴら石段マラソン」が行われる。門前町には「駕籠タクシー」が営業している。

その他のご利益 家内安全・商売繁盛・会社繁栄　ほか

◈日本全国、神社はどれくらいある？

現在、日本にある神社は全部で約八万社です。

ちなみに、延長五年（九二七）に完成した古代法典の『延喜式』によれば二八六一社でしたが、平安時代になると、中央政権の崇敬を受けた神様が分霊（勧請）されて地方に広がり、分社がどんどん増えていきました。江戸時代には推定で六万三〇〇〇社以上あったと思われますが、勧請がくり返されたことと、神道が国教と位置づけられたこともあって、明治三五年（一九〇二）になると、その数は約二〇万社にものぼりました。

しかし、明治時代末期になると、増えすぎた神社を整理し、生き残った神社に経費を集中させて威厳を保たせようとする「神社合祀政策」が行われたため、半分以下に減ってしまったわけです。

この神社合祀政策は「一町村一神社」が決まりでしたが、実際には各府県の知事の裁量に任されていたので、厳密に行った地域とそうでもない地域では、けっこうばらつきがあったようです。
なお、「神社合祀政策」は批判も多く、大正九年（一九二〇）には撤廃されました。

◈神社の数の多い都道府県、少ない都道府県は？

日本で神社が多いところといえば京都！　と思う方は多いかもしれませんが、意外にも京都は上位五位にも入っていません。これは、先の「神社合祀政策」の影響もあるかもしれません。
では、上位五位から順に答えを紹介しましょう。
一位　新潟県（四七四九社）
二位　兵庫県（三八六五社）
三位　福岡県（三四一九社）
四位　愛知県（三三五八社）
五位　岐阜県（三二七四社）
次に、少ない都道府県の下位五位は次のようになっています。

四三位　山口県　（七五二社）
四四位　大阪府　（七三四社）
四五位　宮崎県　（六七七社）
四六位　和歌山県（四四四社）
四七位　沖縄県　（一四社）

文部科学省　宗教統計調査／平成28年度

◈分社の多い神社は？

神社の数からいえば、京都府の伏見稲荷大社を本社とする「稲荷神社」が約三万社ともっとも多く、続いて大分県の宇佐神宮を本社とする「八幡宮」、そして日本人の総氏神を祀る伊勢神宮に連なる「伊勢神社」、京都府の北野天満宮や福岡県の太宰府天満宮を本社とする「天満宮（天神社）」などが続きます。

ほかにも「熊野」「諏訪」「祇園」「白山」「日吉」「山上」「春日」「愛宕」「三島」「鹿島」「金比羅」「住吉」神社など、たくさんあります。

◈神様の名前でご利益がわかる

では、こんなことを祈願したいときは、どの神社へ行けばいい？　というとき、御祭神の名前を調べてみるといいでしょう。おもな神様だけですが、紹介しておきます。

［縁結びの神様］

大国主命・木花咲耶姫命・伊邪那岐命・伊邪那美命

［商売繁盛の神様］

宇迦之御魂神・誉田別命・天照大神・宗像三神

［学問成就・芸能の神様］

菅原道真・八意思兼命・天児屋根命・天鈿女命

［無病息災・病気平癒の神様］

少彦名命・天石門別命・平将門

［交通安全の神様］

底筒男命・中筒男命・上筒男命

◇神宮、大社、神社って何が違う？

社号といって、神社には名前の下に「神宮」「宮」「大社」「神社」などがついています。これらには次のような意味があります。

なお、昔は社格制度といったものがありましたが、戦後廃止されたので、いまは神社の格付けは行われていません。

【神宮】……天皇や皇室祖先神を御祭神としたり、朝廷との縁が深い神社が社号を改めた例が多い。

【宮】………「神宮」に次ぐ格式があり、明治時代には皇族を御祭神とする神社を宮とした。

【大社】……地域の信仰の中心となる大きな神社で、全国に分霊された末社がある神社の総本社を称する場合が多い。

【神社】……一番多い社号で、由緒や規模にかかわらず、地名や御祭神の名前をつけた神社が大半。

【その他の交通安全・旅の安全神社】

北海道神宮（ほっかいどうじんぐう）
住所 北海道札幌市中央区宮ヶ丘474　アクセス 地下鉄東西線「円山公園駅」から徒歩15分

善知鳥神社（うとうじんじゃ）
住所 青森県青森市安方2－7－18　アクセス JR「青森駅」から徒歩10分

長谷寺（ちょうこくじ）
住所 秋田県由利本荘市赤田字上田表115　アクセス JR由利高原鉄道「羽後本荘駅」からバスで15分

荘厳寺（幡ヶ谷不動尊）（しょうごんじ・はたがやふどうそん）
住所 東京都渋谷区本町2－44－3　アクセス 京王新線「初台駅」から徒歩7分

羽田航空神社（はねだこうくうじんじゃ）
住所 東京都大田区羽田空港3－3－2　アクセス JR「浜松町駅」からモノレールで「羽田空港第1ビル駅」

走水神社（はしりみずじんじゃ）
住所 神奈川県横須賀市走水2－12－5　アクセス 京浜急行「馬堀海岸駅」からバス「走水神社」下車徒歩2分

貴船神社（きふねじんじゃ）
住所 京都府京都市左京区鞍馬貴船町180　アクセス 叡山電車「貴船口駅」からバス「貴船」下車徒歩5分

春日神社（かすがじんじゃ）
住所 京都府京都市右京区西院春日町61　アクセス 阪急・京福電車「西院駅」から徒歩3分

方違神社（ほうちがいじんじゃ）
住所 大阪府堺市堺区北三国ヶ丘町2－2－1
アクセス JR阪和線「堺市駅」から徒歩15分

杭全神社（くまたじんじゃ）
住所 大阪府大阪市平野区平野宮町2－1－67
アクセス JR関西本線「平野駅」から徒歩6分

龍田大社（たつたたいしゃ）
住所 奈良県生駒郡三郷町立野南1－29－1
アクセス JR大和路線「三郷駅」から徒歩5分

長田神社（ながたじんじゃ）
住所 兵庫県神戸市長田区長田町3－1－1
アクセス 地下鉄「長田（長田神社前）駅」から徒歩7分

伊和神社（いわじんじゃ）
住所 兵庫県宍粟市一宮町須行名407
アクセス JR山陽本線「姫路駅」からバス

美保神社（みほじんじゃ）
住所 島根県松江市美保関町美保関608
アクセス JR山陰本線「松江駅」から車で50分

賀茂神社天満宮（かもじんじゃてんまんぐう）
住所 鳥取県米子市加茂町2－212
アクセス JR「米子駅」から徒歩13分

和霊神社（われいじんじゃ）
住所 愛媛県宇和島市和霊町1451
アクセス JR「宇和島駅」から徒歩8分

宇佐神宮（うさじんぐう）
住所 大分県宇佐市南宇佐2859
アクセス JR日豊本戦「宇佐駅」からバス「宇佐八幡バス停」下車

5章

健康・病気平癒の御利益

京都府
足腰の健康

三〇〇頭のイノシシが足腰の悩みを解消
護王神社《ごおうじんじゃ》

住所 京都府京都市上京区烏丸通下長者町下ル桜鶴円町385
アクセス 京都市営地下鉄烏丸線「丸太町駅」北へ徒歩7分ほか

イノシシの鼻をなぜると足腰に御利益あり！

「膝が痛くて階段の昇り降りがつらい」「腰痛が治らない」「足がマヒして歩けない」「脚を骨折した」など、足腰の悩みを抱えている人は大勢います。そんな方たちにご利益があると評判なのが、京都市のほぼ中央にある京都御所の西側、蛤御門の近くに鎮座する護王神社です。

昔から足腰の病気やけがにご利益があると人気で、毎月二一日は足腰祭が催されて、多くの参拝者が訪れます。そしてこの神社の人気はもう一つ。境内にあふれるばかりに置かれているさまざまなイノシシの像なのです。まず鳥居の左右に鎮座するのは狛犬ではなく、狛イノシシ。手水場のイノシシは「霊猪手水舎」といわれ、このイノシシの鼻をなぜると足腰の悩みにご利益があり、幸運が訪れるとされています。

また本殿前には招魂樹《おがたまのき》があり、その根元に「願かけ猪」像が置かれています。その

護王神社手水場のイノシシ

まわりには「くらたて亥串《いぐし》」という願かけの串がたくさん刺してあります。この串は二本一組で、一本に自分の名前と願い事を書いて願かけ猪の前に刺し、もう一本は家に持ち帰って神棚に祀るとご利益があるといいます。

そのほかにもさまざまなポーズと表情のイノシシの像がたくさんあり、また社務所には全国から奉納されたイノシシの置物、人形、絵馬、土鈴などのグッズのコレクションが展示されていて、これらのイノシシを見るだけでも楽しくなります。

陸上競技やサッカー選手も訪れる

ではなぜ、護王神社は足腰の病気にご利

益があり、イノシシがこんなにたくさん置かれているのでしょうか。護王神社はご祭神に奈良時代から平安時代初めに活躍した官人の和気清麻呂《わけのきよまろ》をお祀りしています。

奈良時代の末、法王となって権勢をふるっていた僧道鏡は、「道鏡を天皇にせよ」という九州の宇佐八幡宮のご神託があったとして天皇になろうとたくらみます。和気清麻呂は称徳天皇に命じられて、そのご神託が本物かどうかを確かめに宇佐八幡宮に出向き、ご神託が偽物であったことをつきとめて天皇に報告しました。

これに怒った道鏡は、清麻呂を鹿児島の山奥へ流罪にします。さらに鹿児島へ向かう清麻呂の足の腱を切ったうえ、刺客を派遣して清麻呂を何度も襲うのでした。ところがそのとき、突如、三〇〇頭ものイノシシが現れて、清麻呂の一行を守り、道案内して無事に目的地へ送り届けてくれたのです。さらにイノシシは教えてくれた湧水に清麻呂が足をひたすと、歩けなかった足が治って歩けるようになったのでした。

それから一年後、道鏡は失脚し、清麻呂は再び都にもどり平安京遷都に尽くすなど朝廷で活躍するのです。

護王神社は、はじめは高雄山神護寺の境内に和気公の霊社として祀られていたものを、嘉永四（一八五一）年に孝明天皇が大明神の神号を与え、明治一九（一八八六）年に明治天皇により、京都御所蛤御門前の現在地に遷されたものです。

三〇〇頭のイノシシが清麻呂を守ったことから境内には数多くのイノシシが置かれ、「イノシシ神社」とも呼ばれています。

また足を切られて歩けなくなった清麻呂の足を治したことから、護王神社は、足腰の守護神として広く崇敬を集めています。

けがの回復を祈願する人や、足腰の病気に悩んでいる人、陸上競技やサッカーなど足腰を使うスポーツ選手がお参りに大勢訪れています。

行事　足腰祭＝毎月二一日午後三時に行われる。参列者は本殿で祈願の後、表門の御千度車（一度回すと読経した功徳があるという車）を回して祈願する。

その他のご利益　厄除け・災難除け・子育て・子供守護・ぜんそく封じ・健康回復

「飛翔親子イノシシ」の彫刻　樹齢三〇〇年の桂の木を用いて、チェーンソーアートの世界チャンピオン城所ケイジ氏が「生命のよみがえり」をテーマに彫刻した親子のイノシシ像が見事。

京都府
頭・首から上の健康

頭痛封じをはじめ頭の病気にご利益あり

三十三間堂《さんじゅうさんげんどう》

住所　京都府京都市東山区三十三間堂廻り町657
アクセス　JR京都駅より市営バス「博物館三十三間堂前」下車徒歩3分　ほか

頭痛に苦しんだ後白河法皇

頭痛はじめ頭、首から上の健康にご利益があると知られているのが、京都の東山七条に建つ三十三間堂です。正式名は蓮華王院といい、平安時代末期に後白河上皇が平清盛に命じて建立した仏堂です。

南北に一二〇メートルもある横長の仏堂の中に、十一面千手観音像が一千一体も整然と並び立っていることで知られます。お堂の中央に本尊の千手観音の座像があり、その左右に長大な階段状の仏壇がすえられ、そこに一千体の観音像がズラリと並ぶ様は、じつに圧倒的な迫力です。

「三十三間堂」という名前は、お堂の中に建つ柱と柱の間が三十三もあることと、観音菩薩さまは、三十三もの姿に変化して民衆をお救いになることから付けられた、といわれています。

後白河法皇は平安時代末期の第七七代天皇でしたが、幼い二条天皇に皇位を譲って上皇から法皇となり、権力を握っていまし

三十三間堂

た。源氏と平氏の戦いをあやつり、武家を巧みに利用して法皇の権力を強化する一方で、とても仏教信仰に篤かった人物です。

後白河法皇が日頃から悩んでいたのが、頭痛。あるとき夢のお告げで、「法皇の前世は熊野にいた蓮華坊という僧侶で、その蓮華坊の頭骸骨が岩田川の底に沈み、その頭骸骨を貫いて柳の木が生えている。風が吹くと柳の木が揺れて頭蓋骨に触れるので、法皇の頭が痛むのだ」と告げられました。

そこで法皇は岩田川の底から頭骸骨を見つけ、三十三間堂を建立して頭蓋骨を納め、柳の木をお堂の梁に使ったところ、頭痛がきれいに治ったといいます。

そこから、この三十三間堂は頭痛封じの

ご利益があるとして、多くの人が参拝に訪れるようになったのです。

頭痛封じに効果ある「楊枝のお加持」とは

三十三間堂では、毎年一月の成人式に近い日曜日に「楊枝のお加持大法要」と「通し矢」という弓の的当て大会が行われます。

「楊枝のお加持」とは、観音さまに七日間祈願した法水を、聖樹とされる柳の木でできた楊枝を使って参拝者の頭に注いで加持する儀式です。後白河法皇の頭痛平癒にあやかった諸病を除く法要で、頭痛封じにはとくに効くと伝えられています。三十三間堂ではもっとも重要な行事とされています。また、三十三間堂に並ぶ千手観音も、その手には諸病を除く柳の枝を持っています。

一月の楊枝のお加持には、頭痛や首から上の不調に悩む人はもちろん、諸病を取り除いて健康になりたいと願う大勢の人たちが訪れます。一千一体もの観音像が並ぶ光景は、ぜひ一度お参りしたいものです。

ご本尊 千手観音坐像
その他のご利益 悪疾消伏・夜泣き封じ
行事 楊枝のお加持、通し矢、春桃会、開山忌など

京都府
がん封じ

薬師如来のご利益はがん封じ
平等寺《びょうどうじ》（因幡堂）

薬師如来のご利益でがん封じの寺

京都の町中にあって、昔から病気平癒、とくにがん封じのお寺として信仰を集めてきたのが、平等寺で因幡堂《いなばどう》の通称でも知られています。

ご本尊は病気から回復してくださる薬師如来で、因幡薬師と呼ばれ、毎月八日には薬師護摩を焚き、がん封じの祈願が行われるため、大勢の参拝者が訪れます。

平等寺は烏丸通と松原通が交差する辺り、第三十代敏達天皇の子孫で、平安時代中期の中納言・橘行平《たちばなのゆきひら》の邸宅跡にあります。

お寺の縁起によると、九五九年、行平は村上天皇の命で因幡国（鳥取県）の一宮に向かいました。そこで神事を済ませ京都に帰る途中、急病になってしまい、平癒を神仏に祈り続けていると、ある夜、夢に僧が現れて「因幡賀留津の海中に浮き木があり、それは民衆を救うために仏の国からやってきた。その木を求めて供養すれば病気は治りあらゆる願いがかなう」と告げたのです。

住所　京都府京都市下京区因幡堂町728

アクセス　地下鉄烏丸線「五条駅」より北へ徒歩5分　ほか

そこで行平はさっそく海底を探して浮き木を見つけたのですが、それは薬師如来の尊像でした。行平はこれを喜んでそこにお堂を建て薬師如来をお祀りしました。これが高草郡大字勝負浦の座光寺です。

すると行平の病気は治り、無事に京都に帰ることができました。ところがある夜、また夢のお告げがあり、因幡にお祀りした薬師如来が行平の家を訪れたのです。さっそく行平はこの薬師如来をお祀りし、屋敷を改造してお堂をつくり、因幡堂と名付けたのです。

これが現在の平等寺です。この話は平安京の人々の間に広まり、第六十六代の一条天皇は、この薬師如来を深く信仰され、八か所の末院を建てて皇室の勅願寺とされました。

また第八十代の高倉天皇はこの寺の近くにお住まいになり、寺に「平等寺」と命名されたのです。鎌倉時代には一遍聖人が京都の布教の拠点とされたことで、ますます都の庶民に親しまれることになりました。

何と、古くから狂言の舞台でもあった

その後も京都の町の人々の信仰を集めたのですが、明治になると、廃仏毀釈で堂宇のほとんどを焼失し、わずかに残ったお堂で継続してきました。明治一九年には本堂を復興し、昭和になってしだいに参拝者が

増えていくようになり、今日まで続いてきました。

平等寺はたびたびの災害に遭って、寺の境内も小さくなってしまいましたが、お祀りされているご本尊の薬師如来は、橘行平が創建したときにお祀りした当初のものとされ、重要文化財に指定されている貴重なご本尊です。

像は一木づくりで、古くから長野県の善光寺の阿弥陀如来像、京都。嵯峨の清涼寺の釈迦如来像とともに、日本三如来の一つとされています。

いまもがん封じにご利益があるとして、全国から多くの参拝者が訪れ信仰を集めており、毎月八日はがん封じの祈願が評判になっています。

さらに因幡堂は、古くから多くの狂言の演目の舞台になっていたため、因幡堂狂言会が設立されて、平成一五年より毎年一回、「因幡堂狂言」を上演して人気を博しています。実在する寺院が、これだけ多く狂言の演目の舞台に用いられているのは、因幡堂のほかにはないそうで、その意味でも貴重なお寺であります。

ご本尊 薬師如来 **行事** 毎月八日にがん封じの護摩焚き。毎年一一月六日に因幡堂狂言会
その他のご利益 厄除け・子授け・病気平癒・心願成就

京都府
中風封じ

カボチャ供養で知られる
安楽寺《あんらくじ》

住所　京都府京都市左京区鹿ケ谷御所ノ段町21
アクセス　ＪＲ「京都駅」から市バス5号系統岩倉操車ゆき「真如堂前」下車徒歩15分　ほか

カボチャを食べて中風封じ

「中風」とは脳血管障害の後遺症で半身不随、言語障害、手足のマヒやしびれなどの症状をいいます。中高年の方はみな中風にならないよう注意が必要ですが、中風封じにご利益があるとして知られるのが、京都左京区の「哲学の道」にある浄土宗の安楽寺です。

毎年七月二五日には中風封じの「カボチャ供養」が行われ、この日の参拝者にお寺で煮炊きした鹿ケ谷カボチャを食べていただき、中風にならないよう祈願します。

寺の伝えるところによると、江戸時代の寛政年間（一七八九～一八〇一年）に、京都の粟田に住んでいた玉屋藤四郎が青森県に行った際に、カボチャの種を持ち帰りました。この種を鹿ケ谷に住む庄兵衛に与え、当地で栽培したところ、突然変異してひょうたん型のカボチャができたといいます。

江戸時代末期に、安楽寺を復興した真空《しんくう》

益随《えきずい》という住職は、都に中風で苦しんでいる人が多いのを見て、何とかならないかと本堂で祈願していたところ、ご本尊の阿弥陀如来から「夏の土用の頃に鹿ケ谷カボチャを振る舞えば中風にならない」と告げられ、以後、毎年七月二五日にカボチャ供養を行い、二二〇年も続く伝統行事になっています。

カボチャは「冬至にカボチャ」と言われるように、カボチャはリノレン酸、ビタミン類、ミネラルなどが豊富に含まれ、健康効果が高く、とくに中風の予防には最適です。とくに京野菜の一つ鹿ケ谷《ししがたに》カボチャは栄養効果が高いことが実証されています。

そこで毎年七月二五日の供養日には、中風封じのご利益を得ようと、安楽寺に大勢の人が参拝に訪れるのです。

安楽寺の悲しい歴史とは

安楽寺は桜や紅葉が見事で散策コースとして人気が高い「哲学の道」の一本山際の道に面し、紅葉の名所としても知られていますが、じつはこのお寺にはカボチャ供養のほかに悲しい歴史が伝えられています。

安楽寺は、念仏の教えを説き浄土宗を開いた法然の弟子で、住蓮上人と安楽上人の二人が「鹿ケ谷草庵」をこの地に結んだのが始まりです。この二人の上人の念仏の教えと二人が唱える念仏の美声は素晴らしく、それに感化されて多くの人が出家を願

安楽寺

った程でした。その中に、後鳥羽上皇が寵愛する側近の松虫姫と鈴虫姫の姉妹がいました。二人の姫は左大臣の娘で容姿端麗で教養も豊かなことから、ことのほか上皇に寵愛されていました。

しかし二人の姫は上皇が留守中に御所から抜けだして鹿ケ谷草庵に行き、念仏の教えを聞いて感銘し、住蓮上人と安楽上人に出家を願い出ます。両上人は上皇の許しがないので初めは躊躇していましたが、二人の姫の真剣さに打たれて、ついに姫たちの黒髪を剃り落とし、尼僧にしたのです。

これを知った後鳥羽上皇は激怒し、念仏の教えを説く僧侶に弾圧を加えました。住蓮上人と安楽上人は捕えられて斬首に処され、法然は讃岐国に、親鸞は越後に流罪にされます。これが「建永の法難」といわれる事件でした。松虫と鈴虫は瀬戸内海の生口島に逃れて、この島の光明坊で念仏三昧の生涯を送ったといいます。

両上人が亡き後、鹿ケ谷草庵は荒廃したのですが、法然が流罪から帰京すると、両上人の菩提を弔うために草庵を復興し、二人の名をとって「住蓮山安楽寺」と名付けたのです。

その後は真空益随のカボチャ供養によって、安楽寺は人々の信仰を集めて発展し、今日に至っています。安楽寺の境内には住蓮と安楽の墓供養塔が置かれ、その傍には松虫と鈴虫の供養塔もひっそりと建てられています。

ご本尊 阿弥陀如来
別称 松虫鈴虫寺
行事 毎年春のさくら、つつじ、さつきの季節と、秋の一一～一二月の紅葉の季節に、庭園、本堂、書院を一般公開する。毎年七月二五日は中風封じのカボチャ供養を行う。

鹿児島
歯の健康

歯痛止めのご利益がある
松原神社《まつばらじんじゃ》

住所　鹿児島県鹿児島市松原町3－35
アクセス　市電「天文館通駅」下車徒歩7分　ほか

島津貴久公を祀る神社

鹿児島市の松原町、鹿児島市電の天文館電停近くに鎮座する松原神社は、昔から「歯の神さま」として信仰され歯痛や歯の病気にご利益があることで知られています。

この神社の主祭神は島津家の第一五代・島津貴久公で、ほかに天之御中主神《あめのみなかぬしのかみ》や高御産巣日神《たかみむすひのかみ》、天照皇大神《あまてらすおおかみ》、平田純貞《ひらたすみさだ》などをお祀りしています。

島津貴久公は大永六（一五二六）年、島津家の養子となり、一四歳で第一五代守護職となり、以後、四〇年の長きにわたり善政を行い、島津家中興の祖と仰がれました。国家鎮護のため松原山南林寺を創建し島津家の菩提寺としましたが、明治の廃仏毀釈で廃寺となり、その後ここに松原神社が建てられました。

島津貴久公の家臣であった平田純貞は、貴久公の命で九州一帯の国情視察の行脚を行っていました。当時は織田・豊臣の時代で、島津藩もまだ統一されたものではなかったからです。

ところが、一五七一年、平田純貞は行脚から国に帰る途中、福山において貴久公の薨去の報せを受けて落胆します。平田純貞は忠義に篤い人物でしたので、その落胆ぶりははなはだしく、自ら空舟に乗って海中に没して殉死を遂げたのです。

空舟とは木をくりぬいて船のようにし、殉死者はこれに乗り、蓋を釘づけにして海中に沈めるもので、当時の殉死の一方法でした。

純貞が乗った空舟からは、三日三晩にわたって読経と歯ぎしりの音が続いたといわれ、舟が現在の南林寺町に漂着したとき、純貞の遺体の歯は、すべてきれいに抜け落ちていたといわれます。それほど苦渋のあまり激しい歯ぎしりをしたことが推察されるのでした。

そこで純貞の遺体を松原山南林寺の墓地に貴久公の墓地に正面を向けるように埋葬し、人々は純貞を「歯の神様」と称えるようになったといいます。

歯痛にご利益ある神様

そしていつからか人々は、歯が痛くなったり、歯で困ったときは純貞の墓をお参りするようになったのです。純貞の墓で手を合わせると、不思議と歯の痛みが治まるといわれてきました。

現在、松原神社境内の拝殿の傍に純貞の

墓があり、歯痛で苦しむ人が訪れて参拝しています。島津貴久公は松原神社のご祭神になりましたが、純貞も相殿に歯の神様としてお祀りされています。

現在、鹿児島県歯科医師会が、毎年、六月四日には治療のために抜いた歯を神社に供えて、県民の健康を祈願する供養祭を催しています。この日や年末年始はとくに大勢の参拝者で神社は賑わいます。

御祭神 島津貴久公、天之御中主神（あめのみなかぬしのかみ）、高御産巣日神（たかみむすひのかみ）、天照皇大神（あまてらすおおかみ）、平田純貞（ひらたすみさだ）

その他のご利益 商売繁盛・学問成就・家内安全

宮崎県
眼病

御神水で目を洗うと眼病にご利益あり

生目神社《いきめじんじゃ》

住所　宮崎県宮崎市生目345
アクセス　宮崎交通バス「生目」バス停から徒歩15分　ほか

病に霊験あらたかな日向の生目様

生目神社は宮崎県宮崎市大字生目の亀井山という小高い山上に鎮座しています。古くから「日向の生目様」と呼ばれて、眼病に霊験あらたかと評判が高く信仰を集めています。

創建は、詳しいことはわかっていないが、このあたりが宇佐八幡宮の神領であるため、荘園の鎮守の八幡宮として建てられたのが始まりといわれています。史書によると、平安時代の天喜四（一〇五六）年にはすでに建てられていたようです。

安土桃山時代には、すでに多くの社領神田を有していたという記述があります。品陀和気命《ほんだわけのみこと》＝応神天皇と藤原景清公を主祭神としてお祀りしています。

なぜ眼病にご利益があると信仰されるのかというと、神社のある亀井山はシラス台地でできていて、六カ所から湧き水が出て亀の頭と尾、手足のように六方に流れ、ご神水といわれ、古くより眼病を患う者がこの水で目を洗うと眼病に効くといわれてきました。

また、この水で沸かした茶を飲んでも効果があるといわれます。シラス台地から涌いた水にはホウ酸が含まれています。ホウ酸は目薬に使われる成分ですから、目にいいのは当然です。

現在でも眼病に霊験あらたかとして日本全国にその名が知られ、遠くはハワイやブラジルからも参拝にくる人がいるほど、眼病にご利益ありと、人々の崇敬を集めているのです。

なぜ眼病にご利益があるのか

また、一説には、主祭神の一人となっている藤原景清公は平安末期に平家に仕えて活躍した武士ですが、平家は源平合戦で負け、源頼朝に捕えられてしまいます。景清は源氏の発展していく様を見たくないためと、源氏への復讐を断念するために、自身の両目をえぐって視力を失いました。

源頼朝はこの景清の志を称賛し、命を助けたばかりでなく日向勾当《ひゅうがこうとう》という官職と日向国に三六〇〇坪の地を与えられたといいます。景清が日向に来て、園没後に景清公とそのえぐった両目を祀ったので、生目神社が眼病にご利益があるとされたといわれます。

また、一説には、景行天皇（活目入彦《いきめいりひこ》五十狭茅尊《いさちのみこと》）が遠征の途次、父君の垂仁天皇の命日になったので、この地でその霊を祀る祭祀を営んだことを、住民が歓迎して引き続き聖地として崇め、生き目八幡宮としてお祀りしているともいわれます。

毎年二月の旧正月に行われる例大祭は、全国から眼病にご利益あるとして参拝にくる人で大変な賑わいとなり、みなご神水をいただいて目を洗います。

三月の一五日に近い土、または日曜日には里神楽祭がおこなわれ、生目神楽が奉納され、この日も大変な賑わいとなります。

一月一五日から一七日にかけて行われる縁日祭は一年でもっとも賑わうお祭りで、宮崎に春をもたらす「春告げ祭」ともいわれ、境内の大いちょうの樹の下で生目神楽が奉納されます。

主祭神　応神天皇藤原景清
行事　生目神社大祭毎年二月に行われる例大祭
その他のご利益　開運・健康・病気平癒
生目神社の大いちょう　宮崎の巨樹百選に選ばれた樹齢三〇〇年、樹高三四メートルのいちょうの樹。

京都府
ぜんそく封じ

ぜんそく封じのへちま加持で知られる
赤山禅院《せきざんぜんいん》

住所　京都府京都市左京区修学院開根坊町18
アクセス　叡山電鉄叡山本線「修学院駅」から徒歩20分　ほか

ぜんそく封じにご利益ある寺

ぜんそくや気管支炎を封じこめるご利益があることで知られ、大勢の信仰を集めているのが、京都の比叡山のふもと、左京区修学院にある天台宗の赤山禅院です。

創建は古く、平安時代の仁和四（八八八）年に第三世天台座主円仁の命によって建てられました。天台宗総本山延暦寺の塔頭の一つです。円仁は遣唐使船で唐に渡り天台教学を納めて、赤山大明神に感謝し、帰国したら赤山禅院を建立することを誓いました。

日本に戻り天台密教の基礎を築きましたが、赤山禅院の建立は果たせませんでした。その遺命により、第四世天台座主の安慧《あんね》が創建したといわれています。

何とも不思議なお寺で、れっきとした天台宗のお寺ですが、入口には大きな鳥居があり、ご本尊の赤山大明神は神様です。

このお寺は神仏習合で、赤山大明神は陰陽道の守護神でもあり、神仏が一緒になった境内には、延暦寺の塔頭寺院でありながら、鳥居があちこちに置かれています。

　また、この赤山禅院は平安京の東北にあり、表鬼門に当たることから、京都御所の表鬼門を鎮護する神として祀られてきました。そのため拝殿の屋根には、京都御所の表鬼門を守護するサルの像が置かれていることで知られています。サル（申）の方角は鬼門の丑寅の方角と正反対なので、サルは鬼門を守護するとされています。

　紅葉の名所としても知られ、シーズンには大勢の人で賑わいますが、ぜんそく封じのへちま加持が行われる日はとくに大勢の参拝者がつめかけます。実際に、ぜんそくで悩んでいた子どもが赤山禅院のへちま加持のご祈祷によってぜんそくが快方に向かった、健康を回復した、気管支が丈夫になったという感謝の声が届いています。

　へちま加持は古くから、毎年、仲秋の名月の日に行われてきました。千日回峰行を修めた大阿闍梨《おおあじゃり》がへちまにぜんそくや気管支炎を封じ込めて加持・祈祷を行います。

　古くから仲秋の名月の日に行われてきたのは、この日から月がしだいに欠けて行くので、同じように病を減じることができるからだとされています。

商売繁盛のご利益もある

　サルが神猿として祀られている赤山禅院では、申《さる》の日の五日に詣でると吉運に恵まれるという評判が立ち、江戸時代になると、「赤山さんは掛け寄せ（集金）の神さんや」といわれるようになりました。

「五十日」と書いて一般には「ごとおび」、関西では「ごとび」といい、毎月五日、一〇日、一五日、二〇日、二五日、月末のことを指します。昔から商売では「ごとおび」に支払をすることが多く、「五十払《ごとばら》い」といわれる商習慣になりましたが、これは赤山禅院の申の日に詣でる「五日講ご縁日詣で」から始まったといわれています。

また一説には「赤山」と書いて「しゃくせん」と読むことから、借金取り立てに効き目があるといわれているのです。

そのため、現在も赤山禅院では毎月五日に「五日講ご縁日詣で」が行われて、大阿闍梨による祈祷がおこなわれ、商売繁盛を願って集金の前に参拝に来る人々が多く見られるといいます。

ご本尊 赤山大明神
行事 毎月五日に行われる「五日講御縁日」、九月は「ぜんそく封じへちま加持」、一一月一日～三〇日「もみじ祭り」
その他のご利益 無病息災・商売繁盛・縁結び

◈御祭神になった実在の人物

神道では〝人は死んだらすべて神になる〟と考えるため、『古事記』や『日本書紀』に出てくる神話の中の神だけではなく、歴史上の人物が神として祀られる神社も数多くあります。ただ、人が神様として、祀られるのにはいくつかの条件があるようです。

【強烈な怨みをもって亡くなった人】

菅原道真を祀った「太宰府天満宮」（福岡県）や平将門を祀った「神田神社」（東京都）、後鳥羽上皇を祀った「水無瀬神宮」（大阪府）などが、非業の死を遂げた人たちの怨霊を鎮めるために建立された神社として有名です。

とはいえ、怨みをもって亡くなり祟り神になっても、きちんと祀れば怨霊は御霊に転化するとも考えられていたため、神様として祀られたのでしょう。

【天皇や崇敬された武人や軍人、学者など】

天皇では孝明天皇の「平安神宮」（京都府）、明治天皇の「明治神宮」が有名。

武人では、豊臣秀吉の「豊国神社」（京都府）、徳川家康の「東照宮」（栃木県ほか）

がとくに有名ですが、楠木正成の「湊川神社」（兵庫県）、織田信長の「建勲神社」（京都府）、上杉謙信の「上杉神社」（山形県）、西郷隆盛の「南洲神社」（鹿児島県）など、相当数あります。

軍人では、東郷平八郎の「東郷神社」、乃木希典の「乃木神社」（ともに東京都）、広瀬武夫の「広瀬神社」（大分県）など。

学者や歌人では柿本人麻呂の「柿本神社」（兵庫県ほか）、本居宣長の「本居宣長之宮」（三重県）二宮尊徳の「報徳二宮神社」（神奈川県）、吉田松陰の「松蔭神社」（山口県など）などがあります。

［氏族の始祖を祀ったもの］

橘氏の「梅宮神社」（京都府）、和気氏の「和気神社」（岡山県）などがあります。

神様のお使いの動物たち

お稲荷さんのキツネのように、神社には動物の像がつきものですが、この動物たちは眷《けん》属といって、神様のお使いです。

神様の姿は見えないので、目に見える形でお使いがいる、ということでしょう。神様の代行として、現世と接触する役割をもっているわけです。

もっともなじみ深いのはキツネですが、八幡神社のハト、天満宮のウシ、弁財天のヘビなども眷属の代表格。

また、伊勢神宮はニワトリ、出雲大社はウミヘビ、春日大社はシカ、熊野大社はカラス、松尾大社はカメ、三嶋大社はウサギ、日吉大社はサル……と、じつにさまざまです。

ほかにもイノシシやヒツジなども。十二支の動物がいるのはわかる気がするのですが、タヌキやオオカミ、ゾウ、カエル、ムカデ、ハチなどの昆虫や魚までいます。

そして像ではなく、生きている動物の場合もあります。伊勢神宮や住吉大社、日光東照宮などでは神馬を飼育していますが、このように祭礼や神事のときに実際の動物が神事の重要な役割を担うケースもあります。

なぜその神社がその眷属かという由来もさまざまです。神話からとっていたり、地名などとの語呂合わせだったり、御祭神とその動物の関わりだったりと、とくに決まりはないようです。

ちなみに、狛犬は眷属ではなく神社を警護する霊獣です。狛犬とはいっても犬なわけではなく、想像上の動物になりますので、その姿や表情はそれぞれオリジナリティに富んでいます。

眷属とともに、神社ごとに異なる狛犬をじっくりと見てみるのも、おもしろいかもしれません。

【その他の健康・病気平癒神社】

諸病平癒

三ツ石神社（みついしじんじゃ）

住所 岩手県盛岡市名須川町2－1 アクセス JR盛岡駅よりバス「大泉口」から徒歩5分

太平山三吉神社（たいへいざんみよしじんじゃ）

住所 秋田県秋田市広面字赤沼3－2 アクセス JR「秋田駅」よりバス「三吉神社入口」下車徒歩2分

妙本寺（みょうほんじ）

住所 神奈川県鎌倉市大町1－15－1 アクセス JR「鎌倉駅」から徒歩8分

足腰

天龍寺（てんりゅうじ）

住所 埼玉県飯能市南町461 アクセス 西武池袋線「西吾野駅」から徒歩約90分（ハイキング道）

和気神社（わけじんじゃ）

住所 岡山県和気郡和気町藤野1385 アクセス JR「和気駅」からタクシーで約10分

頭・首から上

蔵王寺（ざおうじ）

住所 北海道小樽市星野町6－15 アクセス JR「ほしみ駅」から徒歩15分

御首神社（みくびじんじゃ）

住所 岐阜県大垣市荒尾町1283－1 アクセス JR「大垣駅」から近鉄バス「御首神社前」下車、徒歩3分

歯の病気

歯神社（はじんじゃ）

住所 大阪府大阪市北区角田町2－8 アクセス 阪急「梅田駅」から徒歩3分

白山神社（はくさんじんじゃ）

住所 東京都文京区白山5－31－26 アクセス 都営三田線「白山駅」から徒歩2分

眼病

梅照院【新井薬師】（ばいしょういん）

住所 東京都中野区新井5－3－5 アクセス 西武新宿線「新井薬師前駅」から徒歩5分

源覚寺（げんかくじ）

住所 東京都文京区小石川2－23－14 アクセス 地下鉄丸ノ内線・南北線「後楽園駅」から徒歩2分

6章

諸願成就・家内安全の御利益

東京都
諸願成就

一二六年分に当たる ご利益が授かる 浅《せん》草《そう》寺《じ》

七月一〇日に参拝すると、一二六年分のご利益がある

東京の台東区浅草にある浅草寺は、一四〇〇年の歴史を誇り、年間三〇〇〇万人もの参詣者が訪れる東京の大観光スポットです。全国各地、世界各地から訪れる観光客で連日賑わい、とくに近年は近くの押上に、電波塔としては世界一の高さを誇る東京スカイツリーができたおかげで、ますます浅草寺を訪れる参拝者は増えています。

住所　東京都台東区浅草2-3-1
アクセス　東京メトロ銀座線・都営地下鉄浅草線・東武スカイツリーライン「浅草駅」から徒歩5分　ほか

浅草寺の入り口に建つ有名な雷門前の仲見世は、平日も、外国人観光客や全国から来た参拝者で朝から大賑わいです。

浅草の町は、まさに浅草寺の賑わいとともに発展してきたといえます。

ご本尊は聖観世音菩薩で、この観音様のパワーは強力なので、困ったことは助けていただけると信じられています。浅草寺は、願いが叶う強力なパワースポットとして世界的に人気が高いお寺なのです。

ご利益は、観音さまの強力なパワーによ

浅草寺の雷門

り商売繁盛、家内安全、学業成就、厄除け、病気平癒などあらゆる願いに霊験あらたかとされています。毎月七月一〇日の功徳日にお参りすると、四万六千日分お参りしたのと同じご利益が授かるといわれています。

そのため、毎年七月九日、一〇日の二日間は、浅草寺の境内は多くの参拝客であふれかえります。

観音様のご縁日は毎月一八日なのですが、これとは別に室町時代から、「功徳日」と呼ばれる月に一度の縁日が加えられるようになりました。この功徳日に参拝すると、百日分、千日分のご利益があるといわれ、なかでも七月一〇日の功徳日は千日分のご利益があり「千日詣で」と呼ばれていました。

とくに浅草寺では享保年間より、七月一〇日は「四万六千日」といわれるようになり、そのご利益は四万六千日分、約一二六年分に当たると信じられてきました。

一〇日に一番乗りしたいという参拝者は、前日の九日から浅草寺を訪れますので、九、一〇の両日が四万六千日のご縁日と受けとめられるようになりました。

またこの二日間は浅草寺では、有名な「ほおずき市」が開かれます。約一二〇軒ものほおずきの露店が建ち並び、鮮やかなほおずきが所狭しと並ぶ様は見事。夜遅くまでほおずき市は賑わいます。

東京で最古のお寺

そもそも浅草寺の創建は古く、推古天皇の時代までさかのぼります。東京では最古のお寺です。

推古天皇三六（六二八）年、宮戸川（現隅田川）で漁をしていた二人の兄弟の網にかかった仏像がありました。これが浅草寺の本尊の聖観音像で、兄弟がこの像を主人の土師中知《はじのなかとも》に渡したところ、主人はそれがありがたい聖観音像だと知ると、出家して自宅を寺に改めてお祀りしたのです。これが浅草寺の始まりといわれています。この聖観音像は秘仏とされて現在に至っているので、どのような像かは見ることができず不明です。

その後、九四二年に武蔵守に任ぜられた平公雅が七堂伽藍を整備し、雷門、仁王門(現宝蔵館)などは、このときの創建といわれています。

商売繁盛、リストラ除け、金運などのご利益がたくさん

浅草寺のご利益は「四万六千日」の諸願成就のほかにも多くあります。境内の中にある「淡島堂」は、元禄年間に和歌山の淡島明神を招いてここにお堂を安置したもの。淡島明神は婦人病の平癒にご利益があり、なかでも下半身の病気に霊験があるといわれ、古くから女性の守り神として、信仰を集めています。

浅草寺の本堂の裏には「銭塚地蔵堂」があります。約三〇〇年前、兵庫県山口村の勤勉な一家から寛永通宝が詰まった壺が発見されました。賢い奥さんはこんな大金があってはダメだと子どもたちを戒めて再び埋めてしまいました。

すると、その後、家は繁栄し子どもたちも出世し、長男は母親に感謝して壺を埋めた場所に地蔵を祀りました。次男も出世し、浅草に出てくると、母親に感謝して、浅草寺のそばに寛永通宝を詰めた壺を埋めて地蔵を祀りました。それがこの銭塚地蔵堂です。このお堂をお参りすると、商売繁盛、出世のご利益があると信じられています。

「鎮護堂」はかつて浅草一帯に住んでいたタヌキが開発によって棲みかを奪われたとき、住職の夢にタヌキが現れ、「自分たちを守るなら、火事から守る」といいました。そこでタヌキを鎮護大使者としてダキニ天とともに合祀し、お堂に祀りました。以後、この鎮護堂は火難除け、商売繁盛、芸事上達のご利益があるといわれています。

「加頭神社」は鎮護堂の敷地内に祀られているお地蔵様で、戦後、浅草寺の境内に首と胴が離れたままになっていた地蔵様をつないで元通りにしたことから、「首がつながる＝リストラ除け」のご利益があると信仰されています。

「かんかん地蔵」はこのお地蔵様から削り取った粉を財布に入れるとお金が貯まるといわれ、かんかんと削り取られて、いまは地蔵のお姿をとどめてはおりません。

浅草寺の境内には、こんなに楽しく、ありがたいご利益がある神様やお地蔵様がおられるのです。ぜひ一度訪れたいものです。

ご本尊 聖観音菩薩（秘仏）
行事 毎年二月八日に行われる「針供養」。三月一八日に行われる「金龍の舞」、五月一七、一八日頃に行われる「三社祭」、八月一五日の「万霊燈籠供養会」、一二月一七～一九日の「羽子板市」など。

岩手県
諸願成就

豪華絢爛な金色堂の黄金パワー

中尊寺《ちゅうそんじ》

藤原三代の栄華を物語るパワースポット

中尊寺といえば、岩手県平泉にあり平安時代の美術、工芸の粋を極めた豪華絢爛たる金色堂で知られます。

天台宗東北大本山の寺院で、九世紀半ば慈覚大師の開山といわれますが、実際は一二世紀初めに、奥州藤原氏の藤原清衡が堀河天皇の命を受けて伽藍を整備したのが創建といわれています。

住所　岩手県西磐井郡平泉町平泉衣関202
アクセス　JR東北本線「平泉駅」より徒歩15分　ほか

平安後期、奥州には戦乱に明け暮れる京都を尻目に、藤原三代（清衡、基衡、秀衡）の王朝風の華やかな文化が花開きました。

その藤原氏の栄華を物語るのが中尊寺で、なかでも豪華絢爛な美しさとパワースポットとして有名なのが、金色堂です。

一一二四（天治元）年に清衡が自らの廟堂として建てたもので、内外とも総金箔張りで、平安時代末期の芸術、建築の粋を集めた豪華絢爛たる阿弥陀堂です。堂内には三組の須弥壇に阿弥陀三尊と六地蔵尊、持国天と増長天が安置され、その下には清衡、基衡、秀衡のミイラと四代目の泰衡の首級が収められています。

総金箔張りで、藤原三代の武将のミイラが安置されているのですから、金色堂のパワーは強力です。

この金色堂のご利益は、家内安全、心の安定、人間関係運向上などと言われていますが、もっとも強いご利益は信頼できる人間力が身に付くことだといいます。なぜなら、藤原三代目の秀衡は、源義経が兄の頼朝に追われて奥州藤原氏を頼って落ちのびた際に、頼朝が義経の引き渡しを要求しても、断固として拒否し、義経をかくまいました。このような信頼できる人間力が身に付くといいます。

そして何をしたらいいかの判断力、迷っているときの決断力を授けてくれます。さらに金色堂の金のパワーは、やはり金運アップのご利益が強力にあるのです。

浄土の理想世界のパワーが宿る

中尊寺の境内には、金色堂のほかにも、本堂、経蔵、能舞台などの重要文化財の宝庫です。また中尊寺とはこの山全体の総称で、本寺の中尊寺と山内一七カ所の末社で構成されています。

境内に向かう表参道は月見坂といい、樹齢三〇〇年以上もの杉の巨木の並木が続きます。この坂をゆっくりと登っていくと、霧が立ちこめたときなど幻想的で、心を清浄にし、壁を乗り越える力を授けてくれます。

中尊寺の山自体が、パワースポットで、正飛龍形という理想の吉形の地勢をしているといい、この中尊寺に参拝すると、財運に恵まれるご利益があるとされています。

二〇一一年六月には近くにある毛越寺とともに、「平泉－仏国土（浄土）を表す建築・庭園及び考古学的遺跡群」として世界文化遺産に登録されました。

藤原清衡、基衡、秀衡が求めたものは、この世に浄土の理想世界を実現することでした。中尊寺と毛越寺には、仏教のなかでもとくに浄土思想の考え方によりつくられた庭園や建築が見られます。平安末期、清浄な浄土の世界がこの平泉につくられていたのですから、パワーが宿っているのです。

霊験あらたかな中尊寺のパワーをぜひ授かりたいものです。

行事　毎年五月一日～五日「春の藤原まつり」、八月一四日「薪能」、一一月一日～三日「秋の藤原まつり」など。

奈良県
諸願成就

「奈良の大仏」が鎮座する大寺院のご利益

東大寺《とうだいじ》

大仏殿の穴をくぐるとご利益あり

東大寺は聖武天皇の勅願により大仏を安置する寺として、奈良時代の八世紀に建立された大寺院で、天平文化の一大拠点でもあります。

国宝の大仏殿は世界最大の木造建築で、「奈良の大仏」として知られる盧舎那仏《るしゃなぶつ》は像の高約一五メートルで、現存する世界最大級の金剛仏として世界に知られています。

住所　奈良県奈良市雑司町406－1

アクセス　JR大和路線・近鉄奈良線「奈良駅」から市内循環バス「大仏殿春日大社前」下車徒歩5分　ほか

そのほか境内には南大門、開山堂、法華堂、二月堂など国宝の建造物があり、南大門は両脇に建つ八メートルを超える金剛力士像が有名です。

法華堂には不空羂索観音立像、日光・月光菩薩立像、金剛力士立像、四天王立像、梵天・帝釈天立像など国宝の仏像が収蔵され、まさに仏教美術の宝庫といえます。

大仏は聖武天皇の発願で天平一七（七四五）年に制作がスタートし、天平勝宝四（七五二）年に開眼供養会が行われています。

東大寺二月堂のお水取り

しかし、その後度重なる兵火で焼失し、何度も補修され、建立当初の部分は一部分のみです。奈良時代には、大仏殿を中心に東西二つの七重塔を含む大伽藍が整備されたのですが、中世、近世の大火で多くの伽藍を焼失してしまいました。

大仏殿も現在のものは江戸時代の一八世紀初めの再建で、創建当時より間口が三分の二に縮小されたといいます。

しかし、創建当時から、大仏の寺として現在に至るまで信仰を集め、日本文化に多大な影響を与えてきた寺で、日本が世界に誇る建築物であります。一九九八年には「古都奈良の文化財」の一つとして世界遺産にも登録されています。

芸術的、歴史的に重要な文化財なので、一般庶民のご利益はどうかというと、大仏を参拝すると大きなパワーをもらえるといわれ、とくに大仏の右わき腹辺りから、パワーが放出されているといいます。

また大仏が安置されている大仏殿を支える柱の一つ「招福の柱」の一番下には、大仏の鼻の穴と同じ大きさの穴が開いていいます。縦三〇センチ×横三七センチの大きさで、子どもならくぐり抜けることができますが、大人だと難しい大きさです。

この穴をくぐり抜けることができたら諸願成就のご利益があるといわれています。くぐり抜けようとして、穴にはまって身動きできなくなることもあるので、注意が必要です。

二月堂の修二会は無病息災のご利益がある

東大寺の境内にある二月堂は、八世紀創建の壮大な仏堂です。現存するものは江戸期の一六六九年の再興ですが、国宝に指定されています。奈良の早春の風物詩である「お水取り」の行事が行われることで知られています。

「お水取り」は正式には修二会といい、八世紀の奈良時代から連綿と継承されている行事なのです。修二会は人々の罪や過ちを人々に代わって一一人の僧侶が二月堂の本尊である十一面観音に懺悔をし国の安泰を祈願します。毎年三月一日から一四日まで行われ、このときは二月堂の周りには大勢に参拝者がつめかけています。

夜一九時の行では、二月堂に上る僧侶の足元を照らすために大きな松明が灯されるのですが、この松明を二月堂の舞台から観客に向けて火の粉を振りまきます。この日の粉を浴びると無病息災のご利益があるとされて、毎年大勢の参拝者が集まります。

クライマックスは一二日深夜に行われる水取りの行法で、長さ三メートルもある大松明をかかえた僧侶が跳びはね、火の粉をふりまくのです。

この二月堂の横には小さな鬼子母神を祀った祠があり、この鬼子母神は安産、子育てのご利益があるといわれています。

ご本尊　盧舎那仏《るしゃなぶつ》

行事　三月一日〜一五日「修二会」、五月二日「聖武天皇御忌」、八月一五日「万灯供養会」、一〇月一五日「大仏さま秋の供養会」など。

広島県
諸願成就

強力なパワースポット

厳島神社《いつくしまじんじゃ》

住所　広島県廿日市市宮島町1－1
アクセス　JR広島駅から山陽本線で「宮島口駅」。「宮島口桟橋」よりフェリー、約10分で宮島港着。「宮島港」から徒歩約10分で厳島神社拝殿　ほか

厳島そのものがご神体

厳島神社は広島県廿日市市の厳島（宮島）にある神社で、一四〇〇年の歴史を持ち、全国に約五〇〇社ある厳島神社の総本山です。

厳島は安芸の宮島ともいわれ、宮城県の松島、京都の天橋立とともに日本三景の一つに数えられる有名なパワースポットです。ご祭神は市杵島姫命《いちきしまひめのみこと》、田心姫命《たごりひめのみこと》、湍津《たぎつ》姫命《ひめのみこと》の三柱で、宗像三女神といわれています。

創建は古く、推古天皇元（五九三）年、当地の豪族・佐伯鞍職《さえきのくらもと》が神託を受けて社殿を造営したのが始まりとされています。現在のような寝殿造りの豪華な社殿は、平安時代末期に平清盛によって造営されたといわれ、平家一門の隆盛とともに当社も栄えて平家の氏神になりました。

厳島は「神に斎《いつ》く島」＝仕える島というように、古代から島そのものが神として信仰されていました。そのため、島を傷つけ

ることなく社を建てようとして、海にせり出す形になったといわれています。

本社本殿、拝殿、幣殿、祓殿、高舞台、平舞台などから成る美しい寝殿造りの社はほとんどが国宝と重要文化財に指定されており、境内の沖合二〇〇メートルの地に建つ大鳥居は有名で、世界遺産に登録されています。国内はもとより海外からも観光客や参拝者が大勢訪れています。

この厳島神社はパワースポットとしても人気が高く、厳島の最高峰である弥山（みせん）は神として崇められています。弥山は古代インドの世界観の中心にある須弥山に似ていることから名づけられたといわれ、弘法大師空海もお堂を建て密教の修行の場にしており、一二〇〇年燃え続けている火があるといわれ、パワーに満ち溢れた山なのです。

さまざまな御利益がある宗像三女神

この厳島神社のご祭神である宗像三女神は、海上交通を守護する女神で、玄界灘の神様として古くから信仰されてきました。

そのため、厳島神社の御利益は、開運、海の安全、交通安全、心願成就などがあるといわれて崇められてきました。

そのほか、宗像三女神はアマテラスとスサノオの誓約によりスサノオの剣から生まれたとされる女神で、子どもの守護神ともいわれ、子育てに御利益があります。

また、気高く邪気を払い道を切り開くパワーと美の女神であり、美を生みだすパワーを授け、縁結び、恋愛運にも御利益があります。

海の浄化力で洗い清め、柔らかく包み込んでくれる神様で、ストレス解消、癒し効果も受けることができます。

しかし、いっぽうで、弥山を中心に厳しい神様が鎮座しており、厳島神社に参拝するときは、おごり高ぶる心を捨てて謙虚な気持ちにならないといけないといわれます。

「厳島」とは「厳しい神が居つく島」でもあるからで、平家が滅んだのも、奢れる平家にこの神様が怒りを下したからだともいわれています。

真心込めて参拝する人には強いパワーを授けてくれるのです。

行事 四月一五日「桃花祭」、六月一七日「厳島弁財天大祭」、八月「玉取祭」、一〇月「菊花祭」、一二月三一日「鎮火祭」など。

奈良県
諸願成就

病気平癒のほか除災招福、心の安らぎを得る
薬師寺《やくしじ》

住所　奈良県奈良市西ノ京町457
アクセス　近鉄橿原線「西ノ京駅」徒歩3分　ほか

凍れる音楽と評された東塔の素晴らしさ

薬師寺は六八〇年、天武天皇が皇后（後の持統天皇）の病気平癒を祈願して藤原京に建立を発願し、孫の文武天皇の代に完成した法相宗の大本山です。境内には奈良時代の建築の粋を集めた壮大華麗な金堂、大講堂、東院堂、玄奘三蔵院、南門、東塔、西塔などが建てられました。

金堂のご本尊は薬師如来像でその脇侍の日光・月光菩薩の薬師三尊像は国宝です。息を飲むほど美しい薬師三尊像は飛鳥・奈良時代の仏像の傑作です。

しかし東塔、西塔、大講堂などがそびえる壮大な伽藍は、何度も火災に遭って焼失し、東塔、東院堂を除き多くは再建されたものです。

創建時から現存する唯一の東塔は、総高三四・一メートルで、現存する江戸時代以前につくられた仏塔としては東寺の五重塔、興福寺五重塔、醍醐寺五重塔につぐ四

薬師寺の東塔と西塔

番目の高さを誇っています。
塔の先端部分の相輪にある青銅製の水煙には、飛天像が透かし彫りされ、奈良時代の見事な工芸技術を伝えています。
さらに東塔の大小の屋根の重なりの優美さから、米国の美術史家フェノロサが〝凍れる音楽〟と評したといわれており、仏教建築の最高峰として世界的に知られています。

苦しみから救ってくださる薬師如来

金堂のご本尊の薬師如来像は、またの名を「医王如来」ともいい、医薬の仏様で、病気平癒の御利益があるのはもちろんのこと、「応病与薬《おうびょうよやく》」の法薬で、苦を抜き楽を与えてくださる「抜苦与楽《ばっくよらく》」の仏様です。人々を苦しみから救って楽を与えてくださるのです。

人間にとって「死」という一番恐ろしい物を招くのが病気です。体が動かなくなるのも病気ですが、身の不幸、心の病も病気です。欲が深くて不正直で、疑い深くて腹が立ち、不平不満の愚痴ばかり言っているのも、仏様は病気といわれます。薬師如来は体の病気だけでなく、人々の欲深で不平不満ばかりの心も取りはらってくださるありがたい御利益があるのです。

そのほか、東院堂には民衆の悩みや苦しみをお救いくださる聖観音菩薩像が安置されており、参拝すると、パワーが得られます。

東塔にはお釈迦様の苦行像、西塔にはお釈迦様の初転法輪像や涅槃像が安置され、心に癒しを与えられます。

また国宝の吉祥天女画像が安置されており、毎年一月一日から一五日まで、金堂の薬師三尊像の前にお祀りされます。吉祥天女は福徳豊穣の守護神として崇敬され、この吉祥天女の前で罪業を懺悔し、祈願すると除災招福の御利益があるとされています。

薬師寺では吉祥悔過《きちじょうけか》といって、正月に行う法要・修正会《しゅしょうえ》で宝亀二（七七一）年から罪業を懺悔し除災招福を祈る法要が行われています。

また薬師寺ではお写経道場での写経によって菩提心の功徳があり、心の安らぎが得られるとして、さかんに行われています。

このように薬師寺は、薬師如来による病気平癒だけではなく、除災招福、福徳豊穣、抜苦与楽により、心の安らぎが得られる御利益があるパワースポットであります。

壮大な伽藍や東塔、西塔の美しいたたずまいや、国宝の薬師三尊像、聖観音菩薩像を参拝するだけでも心が和み癒されるのです。

行事 一月一日～一四日「修正会吉祥悔過法要」、三月二五日より「修二会花会式」、五月「玄奘三蔵会大祭・万燈会」、一〇月八日「天武忌・万燈会」、一一月一三日「慈恩会」、一二月八日「納め薬師縁日」など。

大阪府
諸願成就

商売繁盛で関西財界の信仰を集める
住吉大社《すみよしたいしゃ》

住所　大阪府大阪市住吉区住吉2-9-89
アクセス　南海本線「住吉大社駅」から徒歩約3分　ほか

大阪人に人気のパワースポット

地元の人たちから「すみよしさん」「すみよっさん」と親しまれ、関西財界の守り神としてもっとも崇敬されているのが、大阪の住吉にある住吉大社で、全国に二三〇〇社ある住吉神社の総本社です。また、下関の住吉神社、博多の住吉神社とともに日本三大住吉神社の一つでもあります。

この神様のご利益は、海の神、和歌の神、農耕の神として幅広く、航海安全、船運送、歌道や神楽、五穀豊穣、商売繁盛、家内安全、開運厄除けなどの霊験あらたかと信仰を集め、初詣で参拝者は日本全国でベスト一〇に入る人気の神社です。正月三が日の参拝者は毎年二〇〇万人を越え、いまも大阪人に愛され続けている神様なのです。

創建は古く、何と一八〇〇年以上の歴史があるといわれています。西暦二〇〇年頃、第一四代仲哀天皇の后であった神功皇后が新羅に出兵して、現在の大阪府堺市堺区七道に帰還したとき、ご神託によって、ここ

住吉大社

住吉の地に、住吉三神を祀ったのが始まりといわれています。

住吉三神とは、底筒男命《そこつつのおのみこと》、中筒男命《なかつつのおのみこと》、表筒男命《うわつつのおのみこと》のこと。『古事記』『日本書紀』によると、伊邪那岐命《いざなぎのみこと》は火神の出産で亡くなった妻の伊邪那美命《いざなみのみこと》を追いかけて黄泉の国に行きますが、妻を連れ戻すことができず、汚れを受けてしまいます。それを清めるために海に入って禊《みそぎ》をしたときにこの住吉三神が生まれたとされています。

現在の住吉大社では主祭神に、この住吉三神と神功皇后である息長足姫命《おきながたらしひめのみこと》の四柱をお祀りし、境内にある第一本宮に底筒男命、第二本宮に中筒男命、大三本宮に表筒男命、第四本宮に息長足姫命が祀られています。

古代にはヤマト王権の外交、航海を守り、遣隋使、遣唐使の守護神でした。社殿は現在は大阪市内にありますが、江戸時代までは海に面し白砂青松の風光明媚な場所であったといいます。

住吉三神のさまざまな御利益

この神様は禊祓いから生まれましたので、禊祓いの神様ともいわれ、住吉祭りは「おはらい」と呼ばれるほど、神道では重要な祓いをつかさどる神様でもあります。

航海安全の神様として古代より信仰されていたことは触れましたが、海上交通が盛んになった江戸時代には海運業、漁業関係者の信仰は篤く崇敬されました。

和歌の神様としては、平安時代から歌をきわめるため多くの人の参拝があったといわれます。いまでも言霊の霊力が強い場所とされ、言葉の力や説得力が身に着く、表現力が豊かになる、コミュニケーション力が強くなるなどの御利益があると信じられています。

農耕の神様としては、住吉大神が草を抜かずに苗代をつくる方法を教えたという伝説があり、神功皇后も田をつくって五穀豊穣を祈願したと伝えられています。

そのほかの御利益として、境内には潮の流れのような清々しい気の流れがあり、邪気を払い心身を浄化してくれるといわれるほか、生駒山の生気が淀川から大阪湾に流れ込み、それを淡路島が受け止め、住吉大社にとどまるようにしているので、強力なパワースポットになっているともいわれます。

家内安全、開運厄除け、商売繁盛の御利益はもちろんのこと、大志を抱いたリーダーの出現を促すともいわれて崇敬されているのです。

また、末社の「おいといぼし社」には「おもかる石」という丸くて人が両手で抱えるほどの大きさの石が安置されていて、この石を持ちあげたとき、軽く感じたら願いが叶うが、重く感じたら叶わないといわれており、多くの人たちがご利益を得ようと持ちあげています。

行事 住吉大社には数多くの年中行事があるので、すべてを取り上げることができないが、最大の祭は、七月海の日、七月三〇日、三一日、八月一日の「住吉祭」。大阪市内の盛大な夏祭りで、海の日に「神輿洗神事」、三〇日に「宵宮祭」、三一日に「例大祭」、八月一日に「神輿渡御」が行われる。六月一四日「御田植神事」、毎月初辰日の「はったつさん」など。

日本で一番高いところにある神社は？

日本で一番標高の高いところにある神社といえば、それはもちろん、富士山にある富士山本宮浅間大社《ふじさんほんぐうせんげんたいしゃ》（静岡県）。

古来富士山は、富士山本宮浅間大社の御神体として崇められる神聖地でした。当社の境内は、登山道や富士山測候所を除いて富士山の八合目から上すべて。その広さは約一八〇万坪です。

そして富士山の山頂には奥宮があります。

富士山頂に登るにはいくつかルートがありますが、南側の富士宮口から登ると奥宮が、また北側から登ったところには、末社である久須志神社もあります。

日本で一番低いところにある神社は？

標高がもっとも低いところにある神社は、東京都江東区にある富賀岡八幡宮《とみがおかはちまんぐう》でしょう。目の前に一等水準点があるのですが、その標高はマイナス二・四四六メートル。地上にある日本一低い地点だそうです。

ちなみに、当社は歌川広重の浮世絵「名所江戸百景」にも描かれている古社です。

◈では、本当に日本で一番低いところにある神社は？

海の中にも神社があります。海難・水難事故防止、安全祈願のため、一九九六年の七月二〇日（海の日）に、千葉県の館山市にある波佐間海中公園の海の中に建てられました。その名も「海底神社」。同じ館山市内にある由緒正しい洲崎《すのさき》神社の分社です。

鳥居は水深一八メートル、社は水深一二メートルのところにあり、まさに日本一低い場所にある神社になります。

ちなみに、鳥居は高さ・幅とも三・五メートルで、社は高さ七〇センチ、幅六〇センチ、奥行き三〇センチ。鳥居も社もステンレスでできています。

波佐間は漁港でもあり、ダイビングスポットでもあるため、このような神社が生まれたのでしょう。

◈日本三景を見られる神社は？

日本三景とは、北から宮城県の松島、京都府の天橋立、広島県の宮島のこと。その絶景に、それぞれ寄り添う神社があります。

まず、松島から霊場でもある金華山までを境内から一望できる塩竈《しおがま》神社。当社は大和朝廷の鎮守府があった多賀城そばに創建され、陸奥の国の一の宮として崇敬を集めてきた神社です。

次に天橋立の籠《この》神社。天橋立は籠神社の参道とされていますが、天橋立は伊邪那岐命《いざなぎのみこと》と伊邪那美命《いざなみのみこと》が天地を行き来するために立てたハシゴが倒れてできたといい伝えられています。

そして世界遺産にも登録された厳島神社。厳島《いつくしま》は「安芸の宮島」の通称でも知られていますが、海上社殿の造営に平清盛が関わった話は有名です。砂浜が境内で、干潮時には鳥居まで歩けますが、満潮時には社殿や回廊が海中に浮かんで見える……と、その幻想的な美しさはほかに類を見ません。

【その他の諸願成就・家内安全神社】

上杉神社（うえすぎじんじゃ）
住所 山形県米沢市丸の内1－4－13　アクセス JR「米沢駅」からバス「上杉神社前」下車、徒歩5分

鹿島神宮（かしまじんぐう）
住所 茨城県鹿嶋市宮中2306－1　アクセス JR「鹿島神宮駅」から徒歩10分

明治神宮（めいじじんぐう）
住所 東京都渋谷区代々木神園町1－1　アクセス JR「原宿駅（表参道出口）」からすぐ

川崎大師（かわさきだいし）
住所 神奈川県川崎市川崎区大師町4－48　アクセス JR「川崎駅」から川崎臨港バス「大師駅」下車、徒歩8分

鶴岡八幡宮（つるがおかはちまんぐう）
住所 神奈川県鎌倉市雪ノ下2－1－31　アクセス JR「鎌倉駅（東口）」から徒歩10分

善光寺（ぜんこうじ）
住所 長野県長野市元善町491　アクセス 長野電鉄「善光寺駅」からバス「善光寺大門駅」下車、徒歩5分

熱田神宮（あつたじんぐう）
住所 愛知県名古屋市熱田区神宮1－1－1　アクセス 名鉄「神宮前駅」から徒歩3分

願昭寺（がんしょうじ）
住所 大阪府富田林市伏見堂953 アクセス 近鉄長野線「汐ノ宮駅」から徒歩19分

平安神宮（へいあんじんぐう）
住所 京都府京都市左京区岡崎西天王町97 アクセス 京都駅より京都市営バス「岡崎公園美術館・平安神宮前」下車、徒歩3分

清水寺（きよみずでら）
住所 京都府京都市東山区清水1－294 アクセス 京阪電鉄「清水五条駅」から徒歩25分

知恩院（ちおんいん）
住所 京都府京都市東山区林下町400 アクセス JR「京都駅」からバス「知恩院」下車、徒歩5分

建仁寺（けんにんじ）
住所 京都市東山区大和大路通四条下ル小松町 アクセス 京阪電鉄「祇園四条駅」から徒歩7分

下鴨神社（しもがもじんじゃ）
住所 京都府京都市左京区下鴨泉川町59 アクセス JR「京都駅」からバス「下鴨神社」下車、徒歩7分

上賀茂神社（かみがもじんじゃ）
住所 京都府京都市北区上賀茂本山339 アクセス 市営地下鉄烏丸線「北山駅」徒歩25分
（「北山駅」からもバス有）

松尾大社（まつのおたいしゃ）
住所 京都府京都市西京区嵐山宮町3 アクセス 阪急電鉄嵐山線「松尾大社駅」からすぐ

長谷寺（はせでら）
住所 奈良県桜井市初瀬731－1　アクセス 近鉄大阪線「長谷寺駅」から徒歩15分

唐招提寺（とうしょうだいじ）
住所 奈良県奈良市五条町13－46　アクセス JR近鉄「西ノ京駅」から徒歩10分

志度寺（しどじ）
住所 香川県さぬき市志度1102　アクセス JR「志度駅」から徒歩5分

赤間神宮（あかまじんぐう）
住所 山口県下関市阿弥陀寺町4－1　アクセス JR「下関駅」よりバス「赤間神宮前」下車、すぐ

広島護国神社（ひろしまごこくじんじゃ）
住所 広島県広島市中区基町21－2　アクセス JR「広島駅」からバス「バスセンター」下車、徒歩8分

7章

神々のふるさと
伊勢神宮と出雲大社

三重県
諸願成就、国家安泰

伊勢神宮《いせじんぐう》

日本人の心のふるさと

住所 内宮＝三重県伊勢市宇治館町1　外宮＝三重県伊勢市豊川町279

アクセス 内宮＝近鉄「宇治山田駅」より内宮行きバス約10分　外宮＝近鉄・JR「伊勢市駅」より徒歩5分　ほか

伊勢神宮の創建とは

三重県伊勢市に鎮座する伊勢神宮は、昔から「お伊勢さん」と親しく呼ばれてきましたが、日本の神社の最高位で、総本社というべき神宮です。最高位の神社ですので単に「神宮」というのが正式名称です。

神宮は、皇室のご先祖で日本人の総氏神というべき天照大御神《あまてらすおおみかみ》をお祀りする皇大神宮（内宮《ないくう》）と、天照大御神のお食事をつかさどり、衣食住はじめ産業の守り神である豊受大御神《とようけおおみかみ》をお祀りする豊受大神宮（外宮《げくう》）と、その周囲に鎮座する別宮一二五社の総称です。

葦原中国を大国主神から譲り受けた天照大御神は、孫の瓊瓊芸命《ニニギノミコト》にこの国を治めさせることにし、降臨する際に三種の神器を授け、その一つである八咫鏡《やたかがみ》に自身の神霊を込めたといいます。

この鏡は神武天皇から代々の天皇に伝えられ、第一〇代崇神天皇のときに大和笠縫邑に移されて皇女の豊鍬入姫がお祀りすることになりました。第一一代垂仁天皇の御代に、皇女の倭姫命《やまとひめのみこと》がこの鏡を鎮座させる地を求めて旅に出、伊勢の宇治の五十鈴川の川上に鎮座されたのが、内宮の始まりとされています。

外宮は、第二一代雄略天皇が天照大御神の夢のお告げにより、豊受大御神を丹波の国から内宮に近い伊勢の山田の原にお迎えされたのが始まりとされています。

古代から中世にかけては、神宮は皇室の氏神としてまた日本全体の鎮守として崇敬され、武士たちからも信仰されました。江戸時代になると、庶民の間にお伊勢参りはお蔭参りといわれて大流行し、庶民は親しみを込めて「お伊勢さん」と呼び、全国から神宮へ参拝の旅に出かけたのです。

内宮は日本一のご利益があるパワースポット

まず、皇大神宮＝内宮は日本で一番パワーがみなぎる場所といわれます。日本の祖である天照大御神の圧倒的な神気が満ち、厳粛で荘厳な空気に満ちているのです。

内宮の宮域は五五〇〇ヘクタールもの広さがあり、神域と宮域林に分けられています。神域は内宮のご社殿を中心とした九三ヘクタールの地域で、鎮座以来、まったく斧を入れていない禁伐林です。参道には鉾杉が立ち並び、モミ、松、ヒノキ、カシ、シイ、クス、サカキなどが茂り、太古のままの林がそのまま保存されています。参道に立つ木々にも神気が満ちあふれていますので、木々のパワーも十分に吸収できます。

宇治橋は、五十鈴川に架かる橋で宇治橋の外と内に大鳥居が立ち、神聖な世界への入り口となっています。冬至の日には内宮の参道口にある宇治橋の先の鳥居のほぼ真ん中から朝日が昇るので、ご来光スポットとして人気で、ご来光を浴びると、無病息災、諸願成就のご利益があるといわれます。

内宮参道の右手緩やかな斜面をおりてゆくと、徳川綱吉の生母、桂昌院が寄進したとされる石畳を敷き詰めた御手洗場に出ます。五十鈴川は神聖で清浄な川で、この御手洗場で五十鈴川の水に触れると、心身浄化のご利益があります。

御正殿は神域の奥に鎮座し、天照大御神がお鎮まりになられます。「唯一神明造《ゆいいつしんめいづくり》」という日本古来の建築様式。垂仁天皇の御代にご鎮座されて二〇〇〇年がたちますが、二〇年に一度の式年遷宮によって、今も変わらぬ姿を拝することができるのです。

荒祭宮《あらまつりのみや》は、内宮のなかでも御正殿と同じ平成二五年に遷宮が行われた最も格式の高い別宮です。天照大御神の荒御魂《あらみたま》（＝神の特別な働き、活発な面）をお祀りしています。御正殿では天照大御神の和御魂《にぎみたま》（＝神の穏やかな面）をお祀りしています。御正殿には世界平和などを願い、荒祭宮には個人的な願いを祈願するといいといわれます。とくに荒御魂は困ったときに助けて下さり、長寿のご利益があるといわれます。子安神社はご祭神がコノハナサクヤヒメで、安産や厄除けの神として多くの人の信仰を集めています。

滝祭神《たきまつりのかみ》は五十鈴川を守る水の神様で、みなぎる水のパワーを受けられます。風日祈宮《かざひのみのみや》は風の神様をお祀りし、鎌倉時代の二度にわたる元寇のとき、神風を起こして日本を守ったという神様です。

月読宮は夫婦円満のご利益

外宮から約三・八キロ、内宮から約一・八キロの五十鈴川中流域の中村町に、内宮の別宮である月読宮《つきよみのみや》があります。月読宮、月読荒御魂宮、伊佐奈岐宮、伊佐奈弥宮の四つの社殿が並び立っています。この四柱を祀る御宮が並ぶ景観も壮観で、人気が高い神域となっています。

伊佐奈岐宮はイザナギノミコト、伊佐奈弥宮はイザナミのミコトが祀られており、夫婦神をお祀りしていることから、夫婦円満、縁結びに大変にご利益があるとして、参拝者がひっきりなしに訪れます。

月読宮には天照大御神の弟神の月読尊《つきよみのみこと》がお祀りされていることから、内宮の別宮のなかでも最高位の宮となっています。創建は古く、桓武天皇の八〇四年には月読宮が祀られていたことが大神宮儀式帳に記されています。

伊勢神宮の参拝は外宮からが正しい順序

伊勢神宮の参拝は外宮から内宮の順に参拝するのが正しく、どちらか一つだけではご利益も少ないといわれます。

外宮は内宮から六キロほどのところ、近鉄・JR伊勢市駅の近くの山田原に鎮座し、神々にたてまつる食物をつかさどる神様をお祀りし、御垣内の御饌殿《みけでん》では、毎日朝夕の二度、天照大御神にたてまつる神饌を、鎮座以来一度も欠かさず調理してお供えしています。

御正宮は豊受大御神をお祀りし、内宮の正宮と同じ「唯一神明造」の建築様式です。

この外宮は、衣食住の神様ですので、暮らしに関わるすべて、人生の上昇運にご利益があるとされています。

外宮の別宮とされる多賀宮は、豊受大御神の荒御魂をお祀りしており、ここもひじょうにパワーが強く、五穀豊穣、開運にご利益があるといわれます。

外宮には正宮から別宮に行く途中に「三つ石」というしめ縄で囲まれた三つの石が組まれて置かれている場所があります。ここに手をかざすと、石のパワーで温かさを感じ、開運のご利益があるパワースポットとして人気の場所となっています。

また近くには亀の形をした「亀石」が小さな小川にかかっています。この亀石にも不思議なパワーがあり、石の上を渡って歩くだけでなく、石に触るとご利益があると信じられています。

風水でも理想の地

このように、日本の氏神の総本社である神宮の内宮、外宮には強力な神気がみなぎり、パワーが授けられます。

内宮も外宮も風水からいっても理想の地形で、内宮は龍、穴、砂、水が見事にそろった風水の理想の地形の中に建てられており、大地のパワーと、天のパワーが調和されていますので、圧倒的な〝気〟の流れを心にも体にも受けることができるのです。

外宮も「生龍形」という風水の理想の地形になっていますので、厳かなエネルギーがあふれています。

こうして外宮と内宮を参拝すると授けられるご利益は、家内安全、夫婦円満、子孫繁栄、安産、子宝、産業発展、五穀豊穣、開運、金運のほか、うつや神経症を回復し、明るく活動的な心身にしてくれるご利益もあるといいます。

飛鳥時代から続く式年遷宮

神様をお祀りする社殿を新しく建て替える式年遷宮。伊勢神宮では、二〇年に一度の式年遷宮を飛鳥時代の持統天皇四（六九〇）年から一三〇〇年にわたって連綿と継承してきたのです。

平成二五年には六二回目の式年遷宮が盛大に執り行われました。一〇月に行われたクライマックスの「遷御《せんぎょ》の儀」に至るまでには、平成一七年の山口祭に始まり、何と三三もの儀式や祭りが催されました。奉祝行事として全国の団体が伊勢神宮に集まり、神楽、狂言、太鼓、舞踏、管絃、舞楽、獅子舞、弓馬術など日本の伝統的芸術や文化を奉納しました。参拝に訪れた人も先の二〇年前の人数を大きく上回り、一二〇〇万人を突破したといいます。

六二回目の式年遷宮のクライマックスである遷御の儀のあとも伊勢神宮では例祭など行事が行われました。遷宮後の翌年は「おかげ年」といって、参拝すると特別なご利益があるといわれます。

日本の神様の祖である天照大御神のご利益を授かりに、ぜひ参拝したいものです。

年中行事 一月一日新年のはじまりを祝う「歳旦祭」、二月一七日「祈年祭」、四月三日「神武天皇祭遙拝」、九月秋分の日「秋季皇霊祭遙拝」、一〇月一五日から二五日「神嘗祭」、二月中旬「新嘗祭」など。

島根県
縁結び、諸願成就

神代の時代から続く最古の神社
出雲大社《いずもたいしゃ》

住所　島根県出雲市大社町杵築東195
アクセス　一畑電車大社線「出雲大社前駅」徒歩7分　ほか

神々がつくったおやしろが出雲大社

島根県の出雲は神々が住まう地、日本神話の里。その中心となるのが出雲大社で、威容を誇る壮大な神殿が、数千年の時を超えておごそかに建っています。

八雲立つ出雲大社の境内には、神聖で荘厳な〝気〟の流れが満ち溢れ、神代の世界が、いまに至るまで連綿と存在している気配を感じさせられます。

出雲大社は島根県出雲市大社町に鎮座し、全国の神様が集うやしろで、出雲国第一の神社であります。正式名称は「いずもおおやしろ」ですが、一般には「いずもたいしゃ」の名で親しまれています。古代より明治四年までは杵築大社（きづきたいしゃ・きづきおおやしろ）と呼ばれていましたが、明治四年に出雲大社と改称されました。

創建は古く、神代の時代とされ、そのいきさつは『古事記』『日本書紀』が伝える出雲神話のなかの「国譲り」の場面に記されています。

『古事記』と『日本書紀』では多少記述が違うので、『古事記』を例にあげますと、大国主神《おおくにぬしのかみ》は、神々のいる高天原と黄泉国の中間に生まれた葦原中国《あしはらのなかつくに》（＝日本の国土）を豊穣な国につくり上げて支配していました。

ところが、天照大御神《あまてらすおおみかみ》が、葦原中国は自分の子・天忍穂耳命《あめのおしほみみのみこと》が治めるべきだと仰せになり、使者として建御雷之男神《たけみかずちのおのかみ》と天鳥船《あめのとりふねの》神《かみ》をつかわして大国主神に談判させたのです。

大国主神は即答を避け、自分の子・事代《ことしろ》主神《ぬしのかみ》と建御名方神《たけみなかたのかみ》にゆだねました。二人の神が天よりの命に従うべきと受け入れたので、大国主神は国譲りに同意されたのでした。ただし、条件をつけました。それは、「自分の住みかとして、地底深く宮柱を掘り立て、高天原の原に届くような千木《ちぎ》（＝屋根の上につけられた木材）を掲げ、壮大な宮殿をつくって祀ってくれるなら鎮まる」ということでした。

出雲大社が伝える寺伝によると、また少し違います。

大国主神が皇孫に国をお譲りになり、それからは目に見えない世界の神事の主宰神となり御子神たちと共に国の守り神となりました。そこで天照大神はひじょうにお喜びになり、大国主神のために諸神に命じて広大な宮殿を建て、さらに御自身の御子の天穂日命《あめのほひのみこと》にその祭祀をまかせたのです。これが現在の出雲大社の起源です。

出雲大社の創建年はくわしくは不明ですが、『古事記』が編纂されたのは和銅五（七一二）年のことですので、すでにこの頃には出雲大社は存在していたと思われます。神代の昔に、天照大神の命によって神々がつくられた、貴いおやしろなのです。

境内に流れる〝気〟のパワーとは

こうして創建された出雲大社は、古代より重視され、平安後期から中世になると、出雲国の一宮として重要な位置づけになり、今日に至ります。

主祭神は大国主大神《おおくにぬしのおおかみ》ですが、神仏習合の影響で鎌倉時代からは天代宗の鰐淵寺と関係が深まり、鰐淵寺は出雲大社の神宮寺も兼ね、中世のある時期からスサノヲノミコトを祭神とした時期もあったのです。現在は大国主大神が主祭神になっています。

出雲大社の神域は、日本最古の神社建築様式の国宝が建ち並ぶパワースポットです。松並木の参道をいくと、まず戦後最大の木造建築である拝殿があり、ここで参拝者は拝礼します。ふつう神社の拝礼は二拝二拍手一拝ですが、出雲大社では「二拝四拍手一拝」と特殊です。手を合わせるときは、両手の指の節と節が合わさると、節合わせ（不幸せ）になるといわれるので、右手を少しずらすそうです。

この拝殿には長さ六・五メートル、重さ一トンの巨大なしめ縄がかけられています。このしめ縄の下にパワーが宿っているといわれます。

拝殿の奥に、大国主大神が祀られている御本殿があります。「天下無双の大廈《たいか》(=ひさしのある家)」といわれるほど壮大で、高さ二四メートルもありますが、古代には高さ四八メートルもあったといわれます。この本殿に参拝すると、大国主大神の強大なパワー、精神力が授かるといわれます。

御本殿の背後の八雲山の麓にあるのが素鵞社《そがのやしろ》で御祭神はスサノヲノミコトです。ミコトは天照大神の弟神で、ヤマタノオロチを退治した英雄です。大国主大神の父神で大神に国造りの大任を授けられたことで知られています。この素鵞社もスサノヲノミコトのパワーにより強力で、実行力とプラス思考の力が授かるといわれます。

境内の西にある神楽殿も壮大な建築で、正面にかかる大しめ縄は長さ一三・五メートル、重さ四・四トンで、圧倒されるほどの巨大さで日本最大のしめ縄です。

この大しめ縄の下もパワーが強いといわれ、開運のご利益があると、多くの人が参拝していきます。

境内の銅鳥居の横に置かれた神馬神牛像は銅製で、地元の人たちからは「かねおまさん」と呼ばれて、親しまれています。馬は神霊を招く尊い動物とされ、この神馬の鼻のあたりをなでると、子宝に恵まれ安産になるご利益があると信じられ、参拝者はみな馬と牛をなでてご利益を祈願しています。

出雲大社はなぜ縁結びなの？

出雲大社のご利益といえば、まず「縁結び」があげられます。なぜ縁結びの神様といわれるのでしょうか。一つには、主祭神の大国主大神は神話の世界でもっとも多くの妻を持っていたからと言われます。

また二つには、出雲大社には一〇月になると、全国から神様が集まってきて縁を結ぶ神議《かむはかり》という神事が行われていたことによるといわれます。一般に一〇月のことを「神《かん》無月《なづき》」といいますが、出雲地方では日本国中の神様が集まってきて会議をするので、「神在月」といいます。

大国主大神は皇孫に国を譲り幽世《かくりよ》の神事を行うことになりましたが、これは人には目に見えない、耳には聞こえない、神や霊魂の世界のことです。そこで、目に見えない神々の世界を治めるため、毎年、一〇月になると全国から神々を集めて人々の縁組などについて会議を行っているのです。

ここから出雲大社が縁結びの神様といわれるようになったのです。江戸時代には「出雲は仲人の神」といわれていたそうです。出雲大社の縁結びの縁とは、男女の仲に限らず、すべての縁をいいます。つまり、友人、職場、社会、お金、健康などの縁も含まれます。そこで、出雲大社のご利益は、縁結びだけではありません。

人間関係力アップ、人脈作り、出会い、金運、開運、除災招福、子宝、安産、家内安全、国家鎮護などにご利益があるとされ、年間二〇〇万人もの人が参拝に訪れます。

また、平成二五（二〇一三）年は、伊勢神宮とともに、式年遷宮《せんぐう》が行われましたので、ますます訪れる参拝者が増えて出雲地方は大変な賑わいを見せました。

皇族も出雲大社で結婚式

「遷宮」とは神社の本殿の修復、修造のためにご神体を本来の社殿から移し、修造後に再び社殿にお還りいただくことです。出雲大社では遷宮を六〇年に一度おこなってきました。国宝である現在の御本殿は延享元（一七四四）年の造営で、これまで三回の遷宮が行われてきましたが、平成二五年に六〇年ぶりの大遷宮がおこなわれ、無事にご神体は新たに生まれ変わった御本殿に安置されています。

遷宮に当たり、平成二〇年に、御祭神の大国主大神を御本殿から御仮殿に御遷座される仮殿遷座祭が行われました。その翌二一年から、御本殿と摂社、末社などの修造工事がすすめられてきました。

平成二四年には修造工事も終わり、夏には新しく生まれ変わった御本殿が姿をあらわしました。平成二五年五月一〇日、大国主大神が修造の終わった御本殿にお還りになる本殿遷座祭も無事に行われ、その後はさまざまな奉祝行事、記念行事が行われました。

地元の出雲神楽、石見神楽はじめ全国から八〇団体を招いて伝統的舞踏、神楽、歌舞伎、能楽、コンサートなどを二九日間奉納し、多くの観光客や参拝者が訪れました。

伊勢神宮は二〇年に一度、出雲大社は六〇年に一度の遷宮で、両社の遷宮が重なることは少ないので、この年のご利益もより強力だとされました。

平成二六年一〇月五日には、高円宮家の次女典子さまと出雲大社権宮司の千家国麿氏の結婚式がここでおごそかに行われました。

行事 一〇月を「神無月（かんなづき・かみなづき）」といいますが、出雲では旧暦の一〇月を「神有月」といいます。「神在祭」は旧暦一〇月に実施するため、毎年日程が変わります。五月一四日から三日間「出雲大社例祭」など。

◈実家が寺社の著名人

実家が寺社だとなにか？　といわれるかもしれませんが、実家が寺社の著名人をランダムに紹介してみたいと思います。育った環境が、仕事の表現に影響しているのでしょうか。

【作家・随筆家】

・平岩弓枝「代々木八幡宮」（東京都）・永六輔「最尊寺」（東京都）

【政治家】

・綿貫民輔「井波八幡宮」（富山県）

【芸術家】

・北大路魯山人「上賀茂神社」（京都府）

【落語家】

・五代目三遊亭円楽「日照山不退寺易行院」（東京都）・三代目桂米朝「九所御霊天神社」（兵庫県）

【俳優】

・笠智衆「来照寺」（熊本県）・高田聖子「法隆寺」（奈良県）※父が第二〇八世管主

【エンターティナー】

・植木等「常念寺」（愛知県）・ポール牧「道開寺」（北海道）・今田耕司「道善寺」（大阪府）・狩野英孝「櫻田山神社」（宮城県）

【ミュージシャン】

・南こうせつ「勝光寺」（大分県）・元ファンキーモンキーベイビーズのDJケミカル「法蓮寺」（東京都）

【カメラマン】

・篠山紀信「円照寺」（東京都）

【漫画家】

・藤子不二雄A「光禅寺」（富山県）

8章

おもしろご利益がある神社

おもしろご利益（猫神信仰）

島民より猫の数が多い田代島の猫神さま

猫神社《ねこじんじゃ》

大漁祈願の猫神さまが観光客を招く

宮城・牡鹿《おじか》半島の先端近く、仙台湾に浮かぶ小さな田代島の猫神社は、猫を神さまとして祀っている全国でも数少ない神社。

過疎化が進む島では、一〇〇人にも満たない島民に対して、なんと猫は一〇〇匹以上。島民より猫のほうが多い〝猫島〟としてすっかり有名になりました。おかげで、平成二〇年（二〇〇八）には約三二〇〇人

住所 宮城県石巻市田代浜字仁斗田

アクセス 石巻港から定期船で「仁斗田港」まで約40分、港から徒歩で約20分　ほか

だった観光客が、震災前年には四倍近い約一万二三〇〇人まで増加。猫たちが過疎の島を観光地に変えてくれたのです。

宮城県では、ほかの都道府県に比べて猫の石碑が格段に多いそうです。もともと養蚕が盛んで、蚕の天敵であるネズミを退治する猫がたくさん飼われていたこと。「大漁をまねく」招き猫として、大事にされていたこと。そんなことも、猫が増えつづけた理由かもしれません。

自然繁殖で、普段は港や町の中で気まま

田代島の猫神社

な生活をしています。

ちなみに、犬は一匹もいません。田代島に犬を持ちこむことは、原則禁止。まさに、猫パラダイスというわけです。

東日本大震災後の猫の恩返し

島のほぼ中央、仁斗田港と大泊港を結ぶ道路沿いにある小さな猫神社は、観光客が気づかずに通り過ぎてしまうこともあるほど。小さな祠《ほこら》のまわりには参詣者が置いていったらしき猫の置物や人形が供えられ、いつのころからか、猫の絵が手書きされた小石もたくさん置かれるようになりました。愛猫の健康を祈願したり、亡くした愛猫の霊を弔っているのでしょうか。

東日本大震災では、田代島も大きな被害を受けました。地盤が約一三〇センチも沈下し、沿岸部の家屋や施設も津波にさらわれました。そんな中でも不思議なことに、猫たちの被害は少なかったそう。逃げるのは島民より素早く、津波がひいてしばらくすると、山のほうから下りてきたそうです。きっと猫神社に逃げていたのでしょう。

明治の末期から大正時代にかけて、大謀《だいぼう》網漁《あみりょう》（＝大規模な定置網漁のひとつ）が盛んに行われていたころでした。事故で死なせてしまった猫を手厚く葬ったところ、大漁が続くようになって、海難事故もなくなったというのです。

以来、島では石造りの小祠を安置し、猫神様としてお祀りするようになったというのが、現在の猫神社です。漁師たちは、猫の習性や仕草から天候や漁の良し悪しを予測したものだそうです

御祭神「美與利大明神」（みよりだいみょうじん）
行事　毎年三月一五日には幟を立て、マグロを供えてお神酒をあげる。島の漁師たちも、初漁に出るときは猫神社にマグロを供え、参詣をするのが習わしだ。

おもしろご利益（クイズ祈願）

クイズ愛好家の聖地

久伊豆神社《ひさいずじんじゃ》

クイズ必勝から勝負・合格祈願まで

埼玉県の元荒川流域を中心に、越谷《こしがや》市、岩槻《いわつき》市など各地に分布する神社です。名前が「くいず」とも読めることから、いつしか「クイズ神社」と呼ばれるようになりました。

昭和六二年（一九八七）に放映された日本テレビ「史上最大！　第一一回アメリカ横断ウルトラクイズ」の国内第二次予選会場に、さいたま市の岩槻久伊豆神社が選ばれたことで、「クイズ神社」の俗称が知れわたりました。

いまでも、クイズ番組の制作者は必ず久伊豆神社に参拝して、番組の成功を祈願するのだとか。

クイズ応募者や番組の一般参加者も必勝を期して訪れるようになりました。これにあやかって、いつのまにか勝負運や合格祈願のご利益を求めて参拝する人が増えてきました。

住所　埼玉県越谷市越ヶ谷1700
アクセス　東武スカイツリーライン「越谷駅」から徒歩約25分　ほか

家出した家族を「足止めの狛犬」

そのひとつである越ヶ谷久伊豆神社の境内に、ちょっと変わった狛犬がいます。足を何重もの紐で縛られているのです。

その名も「足止めの狛犬」。身内に家出をしたり、悪所通いをする者がいるときに、家族が狛犬の足を縛って止めさせてもらうように祈願すると、必ず家に戻ってくるという、おまじないの風習です。

足止めの狛犬は、全国にあるようですが、ひもの縛り方は神社によって違うそうです。越ヶ谷久伊豆神社は、二本の足を一緒にひもで巻き付ける方法です。

徳川家ゆかりの立葵が社紋

越ヶ谷久伊豆神社の創建は平安時代中期とされ、江戸時代には徳川将軍家が鷹狩りでこの地を頻繁に訪れていました。社紋の「立葵《たちあおい》」は、鷹狩りの折りに徳川家より奉納されたものだと伝えられる、由緒ある神社なのです。

一の鳥居から拝殿まで三〇〇メートルほどもあり、樹木の茂った落ち着いた雰囲気で心を鎮めてくれます。

越ヶ谷久伊豆神社の三の鳥居は、平成五年（一九九三）の伊勢神宮「第六一回式年遷宮」で撤下された皇大神宮板垣南御門の古材を拝領したもの。

境内にある樹齢二五〇年、株回り七メートルにも及ぶ藤の巨木も、それは見事なものです。

埼玉県の天然記念物に指定されていて、毎年四月末が見頃となる花の季節になると、多くの参拝者が見物に訪れています。

御祭神 大国主命（おおくにぬしのみこと＝大黒様）・言代主命（ことしろぬしのみこと＝恵美須様）を主祭神とし、高照姫命（たかてるひめのみこと）・溝咋姫命（みぞくいひめのみこと）・天穂日命（あめのほひのみこと）の五柱を奉斎。

お守り 八方除けの「掛守（かけまもり）」を出入り口に掛けると魔除け・招福、神棚では家運繁栄・営業繁栄、居間では家内安全・身体健全などのご利益がある。

行事 「夏越大祓式」（六月三〇日）、大きな焚き火をして出雲へ出向いていた神々を迎える「おかがり祭」（旧暦一〇月の晦日）などを行う。

その他のご利益 除災招福・開運出世・勝利祈願　ほか

おもしろご利益（お天気守護）

日本でただひとつのお天気神社

気象神社《きしょうじんじゃ》

気象予報士も願掛けに訪れる

あらゆるお天気を司る日本で唯一の気象神社が、東京・杉並の氷川神社の境内末社として祀られています。水の神さまや雷の神さまを祀る神社は数多くありますが、晴・曇・雨・風・雷・霜・雪・霧の八つの気象現象を制御祈願する神社はここだけ。

天気に仕事が左右される建築業者はもちろん、気象予報士の資格取得を目指す人から運動会の晴天を願う親たちまで、さまざまな参拝者が訪れています。

住所 東京都杉並区高円寺南4－44－19 氷川神社境内末社
アクセス JR中央線・総武線「高円寺駅」から徒歩約4分 ほか

黄色の鼻緒がついた下駄の形をした絵馬には、「結婚式が晴れますように」「今度の旅行が晴天に恵まれますように」といった願い事がたくさん書かれています。

例祭は雨に降られたことなし!?

素戔嗚命《すさのおのみこと》を御祭神とする氷川神社に、なぜお天気の神さまが祀られるようになったのでしょうか。

「気象神社由緒」によれば、もともとは、

いまの杉並区高円寺北四丁目にあった旧日本陸軍気象部の構内にありましたが、戦後、現在の場所に遷座されました。

六月一日の気象記念日には例祭が行われていますが、統計上、この日は高い確率で晴天となる「晴れの特異日」とされ、気象神社の例祭はいつも晴天です。

自宅からインターネット参拝

気象神社の神さまは八意思兼命《やごころおもいかねのみこと》。日本神話によれば、天の岩屋に隠れてしまった天照大神《あまてらすおおみかみ》を引っ張りだす秘策を考えついた知恵者の神さまで、暗闇を明るくする力を持っているとされています。

そもそも天照大神が隠れてしまったのは、素戔嗚命の乱暴狼藉が原因。この天の岩屋を巡る縁で、氷川神社に遷座することになったとか。

神さまになっても、素戔嗚命は八意思兼命に頭が上がらない⁉

お守り　神社のマスコット「てるてるくん」はUVセンサー付き。気象予報試験合格祈願のお守りなど。

その他のご利益　晴れ祈願・合格祈願（気象予報士合格）・災害防止・天候豊作・予報官、予報士の予測的中祈願　ほか

おもしろご利益（出世・開運）

銀座四丁目の名物地蔵

銀座出世地蔵尊《ぎんざしゅっせじぞうそん》

住所　東京都中央区銀座4－6－16　銀座三越9階銀座テラス

アクセス　東京メトロ銀座線・丸の内線・日比谷線「銀座駅」から徒歩1分　ほか

泥土の中からデパートの屋上まで〝出世〟

東京・銀座の真ん中、三越デパートの屋上にお地蔵さまが祀られています。泥土の中からデパートの屋上まで〝出世〟したことから、いつのころからか「銀座出世地蔵尊」と呼ばれるように。銀座八丁神社めぐりの一社に数えられ、出世や開運などのご利益を求めてお参りされるスポットになりました。

見上げるほどの大きなお地蔵さまですが、これは参拝用のレプリカ。縁起のいいご本尊は、隣にあるお堂の中にいて、月例法要のときだけ扉が開きます。

今に続く銀座の賑わい招く

その由緒や名称のいわれは諸説あって、定かなことはわかりません。

銀座出世地蔵尊奉賛会によれば、ときは明治初期。いまの三原橋辺りを流れていた築地三十間堀川の工事中に、泥土の中から

銀座出世地蔵尊

お地蔵さまが発見されました。見つけたのは、工事をしていた鳶職の親方。「これは縁起がいい」。親方はお地蔵さまを銀座四丁目三番地辺り（現在の四丁目七番地）の空き地に安置しました。

　地元の人々に愛されたお地蔵さまは、やがて開運・出世・延命・商売繁昌の霊験あらたかと噂になっていきます。お堂が建てられ、花や団子などのお供物が絶えることがありませんでした。

　毎月七日、一八日、二九日と定められたお地蔵さまの縁日には、大勢の参拝者が集まり、たくさんの露店も出て大層なにぎわいとなりました。「地蔵尊の縁日」といえば、明治・大正・昭和にかけて銀座を代表する風俗といわれるものです。これが「銀座八丁露店」のはじまりといわれます。

リストラ除けのサラリーマンもお参り

その後、関東大震災や東京大空襲などをくぐり抜けてきたお地蔵さま。昭和四三年（一九六八）、銀座三越の新築の際に、現在の地に移されました。傍らには小さな地蔵三兄弟も並んでいます。そんなお地蔵さまの〝出世物語〟にあやかって、出世やリストラ除けを願うサラリーマンがお参りするようになったのです。

明治の銀座の面影を伝える貴重なものとして、地蔵尊は中央区有形民俗文化財産にも登録されています。

行事 福運を招くとされる「銀座八丁神社めぐり」。銀座一丁目から順に、幸稲荷神社（商売繁昌・家内安全）→銀座稲荷神社（火防・商売繁昌）→龍光不動尊（願望成就・家内円満・商売繁昌）→朝日稲荷神社（霊験あらたか）→銀座出世地蔵尊（祈願成就）→宝童稲荷神社（子育て稲荷）→あづま稲荷神社（火防・盗難よけ）→靍護稲荷（かくごいなり）神社（火防）→成功稲荷神社（商売繁昌・事業成功）→豊岩稲荷神社（縁結び・火防）

その他のご利益 延命・商売繁昌　ほか

おもしろご利益（貧乏退散）

貧乏神がサル

長久山妙泉寺《ちょうきゅうざんみょうせんじ》

住所　東京都台東区谷中1-5-34
アクセス　東京メトロ千代田線「根津駅」から徒歩約8分　ほか

とりつかれると、良いことなし

「貧乏神」って、ご存じ？　痩せこけた体に薄汚れたボロボロの着物をまとい、青ざめた悲しそうな顔をして、破れた渋団扇《しぶうちわ》を手に、押し入れに住み着いているのだそう。

この貧乏神に取りつかれると、その家は災いや病人が絶えず、やることなすことすべてうまくいかなくて、貧窮のどん底に陥るのだとか。そこで貧乏神を去らせるご利益のある「貧乏が去る像」を祀っているのが、東京・谷中の「長久山妙泉寺」。日蓮を宗祖とする法華宗本門流のお寺です。

平成一五年（二〇〇三）一〇月に安置されたこの石像は、汚らしいお爺さんではなく、子どものようなユーモラスな表情をして、頭の上に可愛らしい猿を載せています。猿が「去る」に通じるというわけです。

猿は「去る」、鳥は「取り」、犬は「居ぬ」

じつはこの石像のいわれは、桃太郎伝説

と関係があります。よその地域には「貧乏を取り（鳥）像」「貧乏が居ぬ（犬）像」というのもあるのです。妙泉寺ではこの石像の除幕式を「桃太郎電鉄一五周年記念」と銘打っておこないました。

「桃太郎電鉄」というのは、当時、大人気だったコンピューターゲームソフト。そのCMに、お笑いタレントの「テツandトモ」が起用されたので、その発表を兼ねて「貧乏が去る像」をお披露目したのです。

妙泉寺では、この石像に国土安穏や訪れる人々の富貴《ふうき》繁栄を祈念しています。貧乏神が住み着くと家も心も貧しくなってしまいます。そこでお参りのときは、まず貧乏神を撫でたあと、頭上の猿を優しく撫でるとよいそうです。

場所は女性に人気の「谷根千」の一角。あなたも「貧乏が去る像」を撫でに出かけてみませんか。

開山 法華宗本門流は、織田信長が明智光秀に討たれた「本能寺」（京都市中京区）を大本山としている。妙泉寺の創立は慶安四年（一六五一）。智泉院日達上人が開山した。

「貧乏が去る像」 平成一五年に安置。貧乏神の頭に猿が乗った石像。頭上の猿を撫でると「貧乏が猿（さる）」ことからたいへん縁起が良いといわれている。

おもしろご利益（迷子猫守護）

迷子猫が帰ってくる猫返し神社

阿豆佐味天神社《あずさみてんじんしゃ》

住所　東京都立川市砂川町4－1－1

アクセス　JR中央線「立川駅」からバスで約20分　ほか

山下洋輔さんの愛猫がいなくなって

行方不明になった猫の無事や健康を祈るため、全国の愛猫家が訪れています。この神社が有名になったのは、ジャズ・ピアニストの山下洋輔さんが雑誌に発表したエッセイがはじまりでした。

大の猫好きで知られる彼の愛猫が家出をしてしまい、一七日間必死に探し回っても見つかりません。こうなったら神頼みとばかり、たどり着いた阿豆佐味天神社に願掛けをしたところ、効果てきめん。その翌日に帰ってきたのです。

さらに、今度は別の猫が行方不明となり、再び祈願したところ、四日後にまたまた姿を現したというのです。その顛末を書いたエッセイが評判となり、以来、「猫返し神社」と呼ばれるようになりました。

阿豆佐味社の境内社のひとつである蚕影《こかげ》神社《じんじゃ》の御祭神は金色姫命という養蚕の神さまで、蚕の天敵であるネズミを捕らえる猫の守り神です。ご利益を実感した山下さんは、その後「越天楽」をピアノで録音して神社に奉納し、お正月にお参りするのを恒例としています。

　鳥居の前では、狛犬ならぬ「ただいま猫」の石像が愛猫家たちを迎えてくれます。やさしく撫でてあげれば、さらに霊験あらたかなること、うけあい。「ただいま猫」が見つめる先には、迷子猫を探すメッセージが書かれた絵馬や、願いが叶った感謝の絵馬、愛猫の写真を貼った絵馬などがズラリ。その一つひとつに、全国の愛猫家の願いが記されています。

　この神社の主祭神は医薬・健康・知恵の神として名高い小彦名命《すくなひこなのみこと》と文学・芸術の神さまである天児屋根命《あめのこやねのみこと》の二柱ですが、菅原道真を祀った天神社、安産の神さまを祀った水天宮、八雲神社などの境内社がいくつもあり、こちらのご利益も人気があります。猫返し神社のお隣で、「いぬの日」の安産祈願とは、ちょっとほのぼのしてきます。

主祭神 小彦名命と天児屋根命

お守り 愛猫の無事や健康を祈る「猫絵馬」、「猫守り」。

行事 元旦の「日本一早いだるま市」が有名。

その他のご利益 安産祈願・厄除け・家内安全・病気平癒・文学、美術上達ほか

おもしろご利益（桃太郎パワー）

“びっくりワールド”ナンバー1

桃太郎神社《ももたろうじんじゃ》

住所　愛知県犬山市大字栗栖字古屋敷
アクセス　名鉄犬山線「犬山遊園駅」から車で約10分　ほか

桃型鳥居をくぐれば、おもしろ世界

桃太郎伝説とともに子どもの健康と無病息災を祈る神社は各地にありますが、B級おもしろ度のレベルでいえば、愛知県犬山市の桃太郎神社に並ぶものはありません。

一の鳥居、二の鳥居のあと石段を上っていくと、大きな桃をくりぬいた桃鳥居が現れます。中国では古くから桃は「仙果」とされていますが、この桃鳥居には「桃型鳥居をくぐれば、悪は去る（サル）、病は去ぬ（イヌ）、災いは来じ（キジ）」と書かれています。桃の魔除けパワーをたっぷり味わうところから、桃太郎神社のご利益が生まれるのです。

智・仁・勇・健・富を備えた子どもの神さまを祀り、また子宝祈願に訪れる人々でにぎわいます。

邪悪を追い払う桃の実パワー

桃太郎伝説は『古事記』に登場します。

桃太郎神社

その古事記には、黄泉の国で愛妻イザナミノミコトの醜い姿を見てしまい、逃げ帰ろうとするイザナギノミコトが黄泉比良坂《よもつひらさか》で、追いすがる黄泉の国の鬼たちに、大きな桃を三個投げつけて撃退したという場面が記されています。桃の力で邪悪なものを追い払ったのです。

この桃の実が桃太郎に生まれ変わって、人間を苦しめる鬼を退治するというのが、木曽川（日本ライン）の桃太郎伝説です。

強烈！　全身ピンクの桃太郎

犬山市に残っている桃太郎伝説では、桃太郎は栗栖《くりす》（＝現・愛知県犬山市栗栖）で育ち、鬼ケ島（現・岐阜県可児市塩の可児川にある島）へ鬼退治に行ったといわれています。愛知・岐阜の木曽川中流域には、犬山、猿洞《さるぼら》、雉《きじ》ケ棚《たな》、猿渡《さるわた》など桃太郎に関わる地名が多く残っていて、取組（現・犬山市坂祝町）は桃太郎と鬼が取っ組み合いをした地なのだそう。

この桃鳥居をくぐって拝殿するだけでもビックリさせられるのですが、緑深い静かな境内に散在するコンクリート製の人形彫刻が、犬山市の桃太郎神社の摩訶不思議な世界観を作り出しています。

桃太郎のおばあさんが、川で洗濯したときの足形なるものが残る「洗濯岩」があるかと思えば、二つ目の鳥居の前には、強烈な全身ピンクの桃太郎像が立ち、極彩色に色づけされた鬼と、犬、猿、雉の面妖でユーモラスな家来たちが境内に散らばっています。

これらは、天才コンクリート群像作家として知られた浅野祥雲《あさのしょううん》による作品です。

御祭神　大神実命（おおかむづみのみこと）
宝物館　きびだんごを作ったという大昔の臼や杵など、珍しい資料が展示されている。
行事　毎年五月五日の子どもの日に、地元の子どもたちが参加して「桃太郎まつり」が行われる。子どもの神様に健康祈願をしたあと、桃太郎の格好をした子どもの行列が、桃のお神輿と宝物を載せた荷車で、桃太郎神社境内、桃太郎公園を練り歩く。祭りで披露される「桃太郎おどり」は、野口雨情の作。

おもしろご利益（女性守護）

〝海女ちゃん〟の守り神

神明神社《しんめいじんじゃ》・石神社《いしじんじゃ》

住所　三重県鳥羽市相差町１３８５
アクセス　近鉄鳥羽線「鳥羽駅」から鳥羽市かもめバスで約35分、「相差」下車、徒歩約5分　ほか

若い女性に大人気のパワースポット

地元の三重県鳥羽市での呼び名は「石神さん」。テレビや雑誌で取り上げられ、若い女性に大人気のパワースポットです。

神明神社には二五柱の神さまが祀られていますが、女性たちのお目当ては参道の途中にある小さなお社の「石神社」。これが「石神さん」です。

御祭神は神武天皇の母の玉依姫命《たまよりひめのみこと》。古事記や日本書紀にみえる玉依姫命は、生命の源である海（水）と深い関係にあり、龍神や海神の「美しい娘」としても登場することも多い神さまです。

叶える女性の願いは「ただひとつ」

古くから伊勢志摩の海女さんたちは、海に入る前に「石神さん」にお参りして、「安全」と「大漁」を祈願してきました。そうしていつしか、海女さんたちのあいだでは「女性の願いをひとつだけ叶えてくださる」

神社と、秘かに信じられるようになりました。それがいつのまにかクチコミで広がって、女性の参拝者が列をなすようになったというわけです。

とりわけ全国的な話題になったきっかけは、マラソンの野口みずき選手でした。伊勢市出身の野口選手は、アテネオリンピックで伊勢神宮のお守りを身に着けて走りましたが、じつは出発前の五輪壮行会で後輩から石神さんのお守りも贈られたのだそうです。結果は見事金メダル獲得。その後、有名女性タレントが結婚祈願に訪れたりして、さらに有名になったのだとか。

石神さんでは、ピンク色の紙に願い事を書き、鈴を鳴らして「願い事箱」の中に入れます。また、麻の布の「石神さんお守り」に貝紫色《かいむらさき》で染められた模様は、セーマン（星の形）、ドーマン（格子縞）と呼ばれ、魔除けの印として海女さんたちが磯着に手縫いしてきたもの。

御祭神　「神明神社」の主祭神は天照大神。
お守り　「女性の願いを一つだけ叶えてくれる」という石の神様。「石神さんの御守り」は人気。
行事　「石神さん春まつり」（五月七日）では、大漁祈願と大願成就を願った男衆料理で、男性が女性をもてなすのが習わし。
その他のご利益　縁結び・子宝祈願・大漁祈願・大願成就　ほか

おもしろご利益（電気・電波守護）

IT時代の守護神

法輪寺電電宮《ほうりんじでんでんぐう》

住所 京都府京都市西京区嵐山虚空蔵山町16（法輪寺内）

アクセス 阪急嵐山線「嵐山駅」下車、徒歩7分ほか

電気や電波の祖神を祀る神さま

ＩＴ（情報技術）の発達でますます便利になるけれど、これまで考えられもしなかった犯罪が次々に生まれるこの時代にこそ、この神さまの出番でしょうか？

それは、京都嵐山の法輪寺の境内にある、電気や電波の祖神として信仰されている電電宮です。

嵐山の中腹にある電電宮は、古くから雷や稲妻の神様である電電明神を祀る鎮守社でした。幕末に焼け落ちてそのままになっていたのですが、昭和二八年（一九五三）からＮＨＫのテレビ放送が始まり、民放テレビの開局も続いて、これからは電波の時代になる！　と思われました。そこで昭和三一年（一九五六）、電気や電波の発展に貢献した功労者の霊を慰めようと修復され、電電塔が建立されました。

エジソン、ヘルツのレリーフも

電電塔のうしろの壁面には、蓄音機や白

法輪寺電電宮

熱電灯の発明で有名なトーマス・エジソン、塔の左側には電気周波数の単位ヘルツを発見したハインリッヒ・ヘルツのレリーフが掲げられています。

奈良時代に創建された法輪寺のご本尊は、宇宙の自然現象を広く包含する虚空蔵《こくうぞう》菩薩《ぼさつ》です。

もともと、明星天子、雨宝童子などの自然に関連した神々を祀る鎮守社五社明を祭祀していて、電電明神もそのひとつだったのです。

絵馬もIT時代を反映

大阪万国博を記念し、開催前年の昭和四四年（一九六九）、電気電波業界の発展と反映を祈願して現在の社殿が再建されました。

いまでは、家電メーカーやテレビ・ラジオ局、プロバイダーやシステム開発のIT企業など、電気&電波関係者がこぞって参拝する場所となりました。絵馬には「システム安全稼働」とか「バグ退散」などという言葉が並びます。

お守り 「電電宮御守り」のほか、「マイクロSD御守」も。中には.jpg形式の菩薩像が入っている。

行事 一三歳になった子どもがお詣りして智恵を授かるという「一三詣り」(四月一三日を中日とした一月間)や、裁縫、服飾などの技芸上達を祈願する「針供養」(二月八日と一二月八日)が有名。

その他のご利益 智恵・福徳・技芸上達　ほか

おもしろご利益（子宝・婦人病祈願）

女性に優しい神さま

淡嶋神社《あわしまじんじゃ》

住所　和歌山県和歌山市加太116

アクセス　南海電鉄線「加太駅」から徒歩約15分ほか

下着を奉納してご利益頂戴

女性用の下着供養をする神社といえば、日本広しといえど、ここ淡嶋神社しかないのではないでしょうか。

安産・子宝祈願、婦人病回復のために、いつのころからか、自分のはいた下着（パンティ）をお供えする女性客が多く訪れるようになりました。

〃髪は女の命〃といわれた時代は、髪の毛が奉納されていましたが、現代はよりストレートなお願いの仕方になったということでしょうか。

未使用より使用済みの下着のほうがご利益を頂戴しやすいという、まことしやかなウワサまで。境内奥の末社に、ビニール袋に入った下着を納める場所が用意されていて、たくさん奉納されています。

それだけ切実な願いをもった女性たちが多いのでしょう。

御祭神は医薬の神様

こうした習わしが根付いたのも、由緒ある淡嶋神社に、さまざまな伝承が残っているからです。神社の御祭神は、少彦名命《すくなひこなのみこと》、大己貴命《おほなむじのみこと》、息長足姫命《おきながたらしひめのみこと》（神功皇后）。

社伝によれば、少彦名命が医薬の神さまで、女性の病気回復や安産・子授けなどに霊験あらたか、とされています。

ほかにも、身重の神功皇后が三韓出兵時に婦人病に悩まされ、のちに平癒したとか、住吉大神の妻で婦人病を患っていた淡嶋神が加太の地に祀られているなど、さまざまな伝承が重なって、淡嶋神社は女性に優しい神社として親しまれるようになりました。

「雛流しの神事」で人形供養

女の子の誕生と健康を祝う三月三日の節句「ひな祭り」も、ここ淡嶋神社が発祥地です。

少彦名命を祀るすくなひこな祭り→ひこな祭り→ひな祭りが語源だそう。男びな女びなのモデルは少彦名命と神功皇后の男女一対のご神像で、もともと少彦名命と大己貴命が祀られていた友ケ島から、対岸の加太へのご遷宮が仁徳天皇五年三月三日だったことに由来するそうです。

そんな経緯から、淡嶋神社は人形供養の神社としても有名です。本殿を埋め尽くす数百数千のおびただしい数のひな人形や市松人形の数に驚かされるでしょう。これらの人形は、供養のために納められたものですが、参拝者を見つめる瞳の多さに、思わずたじろいでしまうかも。

まるで神社を埋め尽くすように、招き猫から不思議な仮面、稲荷、ぬいぐるみからフランス人形まで、あらゆる人形が並んでいるのです。

中には髪が伸びたり、奇怪な現象を起こすものもあるといわれ、それらは一般公開されない場所に保管されています。

そのため心霊スポットとしてマスコミに紹介されることも。

人形には、持ち主の思いが宿ると言います。人形に込められたさまざまな思いが、ある種のパワーとなって渦巻いている場所でもあるのでしょう。

また、歴史ある神社ですので、紀州徳川家から奉納された見事な雛人形も数多く残っています。姫君が誕生する折りに、その初節句に必ず一対の雛人形が奉納されたといいます。

毎年三月三日に行われる「雛流しの神事」には、全国から多くの女性客が集まります。お祓いして供養された人形を白木の船に乗せて海に流し、神の国に送る儀式です。

さらに、人形に願い事を書き、人形とともに船に乗せます。

そこには、人形とともに過ごした思い出や無事に育ったことへの感謝など、女性たちのさまざまな思いが込められているのです。

お守り 婦人病にならないように、治るようにと願って持つ「お雛守」や、「子授け守」などが人気。
塩壺 通称〝お歯黒石〟と呼ばれ、この水を体の痛いところにつけると治るという言い伝えがある。
行事 二月八日「針祭（針供養）」も有名。祭神の少名彦名命が、裁縫の道を初めて伝えた神さまとして知られるため、お祓いしたあとの針を境内にある針塚に納め、塩をかけて土に帰すことで裁縫の上達を祈る。
宝物殿 紀州徳川家奉納の人形や宝物などが展示されている。
その他のご利益 病気回復・家内安全・海上交通安全　ほか

おもしろご利益（妖怪守護）

「妖怪の郷」のシンボル

妖怪神社《ようかいじんじゃ》

住所　鳥取県境港市大正町62－1

アクセス　JR境線「境港駅」から徒歩約3分ほか

境港に賑わい呼ぶ開運パワー

「ゲゲゲの鬼太郎」の生みの親、水木しげるが子ども時代を過ごした鳥取県境港市にあり、平成一二年（二〇〇〇）の元日午前零時を期して、入魂のための「落成法要式典」がおこなわれました。建立したのは民間の町づくり会社「アイズ」で、境港の観光振興が目的であることは一目瞭然ですが、いまや「妖怪のふるさと」のシンボルとして全国から〝参詣〟の人たちが訪れるパワースポットです。

といっても、JR境港駅から本町アーケードまでの八〇〇メートルほどの商店街、鬼太郎や目玉おやじなどのキャラクターや日本の妖怪たちのオブジェが並ぶ「水木しげるロード」のなかほどに位置し、うっかりしていると通り過ぎてしまいそうな、こぢんまりした神社です。

神社の入り口には「一反もめん」をデザインした鳥居が立ち、手水鉢は「目玉おやじ清めの水」。重い石でできた目玉おやじが、湧きだす水の力で回っています。

御神体は高さ約三メートルの黒御影石と、樹齢三〇〇年といわれるケヤキの大木。建立に際して、水木茂が黒御影石の一部を指さして「ここに目玉をつけるとおもしろいよ」。すると入魂の折り、なんとその部分がポロっとはがれおちたのだとか。

社殿の壁には、妖怪パワーを注入した妖怪念力棒が掛けられ、〝鬼太郎キャラ〟が描かれた願掛け絵馬は、妖怪ごとに掛けるお願いの内容が違います。

平成二二年（二〇一〇）に『ゲゲゲの女房』がＮＨＫ朝の連続テレビ小説で放送されて、境港市は一気に全国区の観光地になりました。妖怪神社の人気も急上昇し、近ごろは結婚式を挙げるカップルもいるそうです

お守り　「妖怪絵馬」は、一反もめんは恋愛成就、塗り壁は学業成就など、妖怪によって願掛け内容が異なる。どの妖怪のからくり人形が運んでくるかは、そのときのお楽しみという「からくり妖怪みくじ」も。目玉おやじ（家内安全）やねずみ男（金運上昇）などを描いて境港特産の弓浜絣（かすり）で作った袋に入れたお札も。

その他のご利益　家内安全・交通安全・厄除開運・心願成就・心身健全・合格祈願・病気平癒　ほか

おもしろご利益（金運・開運）

金運パワースポット

金持神社《かもちじんじゃ》

宝くじやロト6当選のご利益も

全国に一カ所しかない、縁起のいい名前の神社だけに、そのご利益を求めて参拝者も全国から。「金持」と書いて、正式には「かもち」と読みます。

境内に掛けられた絵馬には、金運・開運アップを願う言葉のほかに、「参拝して宝くじに当たった」とか「大きな取引が舞い込んできた」「ロト6と競馬と宝くじに当たった」など、お礼参りのラッキーな言葉が並んでいます。ジャンボ宝くじの発売シーズンになると、参拝者が急増するという話もあるほど。

住所　鳥取県日野郡日野町金持1490
アクセス　JR伯備線「根雨駅」から車で約7分ほか

日本最古の刀匠を生んだ地

歴史は古く、大同五～弘仁元年（八一〇）、出雲の神官の次男が伊勢神宮へお参りにいく途中で、伯耆《ほうき》国日野郡金持郷に立ち寄りました。お守りとして身につけていた玉石が急に重くなり、その後、神夢をみたことから、この地で宮造りをおこなったのがはじまりと伝えられています。

金持郷という地名は、玉鋼の原料である砂鉄を産出したことに由来します。鉄は「かね」。砂鉄を使用した、たたら製鉄が盛んで、鎌倉幕府御家人で守護職の金持広親の氏神様として栄えました。国宝・太刀「童子切安綱《どうじぎりやすつな》」で知られる日本最古の刀匠、伯耆安綱が生まれています。

おいしい縁起物「棚からぼた餅」

金持神社は、山の上にあります。本殿への参道は急な石段を登らねばならず、ご利益をいただくのも簡単ではありません。急な階段の途中にそびえる、樹齢六〇〇年を超える「チャンチン」(香椿)という大木。真っ赤に溶けた鉄を扱う仕事に従事する人々の眼病予防薬として、先人が中国から取り寄せた薬木ともいわれ、その木肌に一円玉が挟まれていたり、狛犬の上に小銭が置かれている光景も。

そんなおめでたい神社の縁起物のひとつが、金持神社札所(売店)のみで販売している手作りぼた餅。

地元産のもち米とうるち米を使い、小豆餡もたっぷり。

「金持神社の棚からぼた餅」(六個入り)という愉快なネーミングは、〃思いがけない幸運が舞い込むように〃という願いをこめたのだそうです。果報は寝て待て!?

御祭神 天之常立尊（あめのとこたちのみこと）、八束水臣津努命（やつかみずおみずぬのみこと）、淤美豆奴命（おみずぬのみこと）。国土経営、開運、国造りの神さまを祀る。

お守り 金持神社札所（売店）には、万札古紙幣の裁断片を和紙にすきこんだ「干支扇子辰（金持万札黄扇子）」、「黄色いハンカチ」など、オリジナルの縁起物が販売されている。

行事 年四回の「財布お祓い」（使用した財布をお炊き上げする）が人気。依頼すると、お炊き上げの印として、新たに金運を招く「金の素」がもらえる。

その他のご利益 開運・諸願成就　ほか

【その他のおもしろ神社】

榛名神社（はるなじんじゃ）――**巨大な御姿岩で有名**
住所 群馬県高崎市榛名山町849 アクセス JR「高崎駅」からバス「榛名神社前」下車、徒歩15分

調神社（つきじんじゃ）――**狛兎と鳥居がないことで知られる**
住所 埼玉県さいたま市浦和区岸町3－17－25 アクセス JR「浦和駅」から徒歩15分

玉鳳寺化粧延命地蔵（ぎょくほうじけしょうえんめいじぞう）――**「おしろい地蔵」祈願が有名**
住所 東京都港区三田4－11－19 アクセス 東京メトロ南北線「白金高輪駅」から徒歩5分

亀有香取神社（かめありかとりじんじゃ）――**狛亀で有名**
住所 東京都葛飾区亀有3－42－24 アクセス JR常磐線「亀有駅（南口）」から徒歩3分

浅草寺境内加頭地蔵（せんそうじけいだいかとうじぞう）――**「首つぎ地蔵」がリストラ除けで有名**
住所 東京都台東区浅草2－3－1 アクセス 東武スカイツリーライン「浅草駅」から徒歩5分

市谷亀岡八幡宮（いちがやかめおかはちまんぐう）――**ペット祈願で知られる**
住所 東京都新宿区市谷八幡町15 アクセス JR、東京メトロ「市谷駅」から徒歩3分

師岡熊野神社（もろおかくまのじんじゃ）――**お粥で1年の吉凶を占い古神事を行う**
住所 神奈川県横浜市港北区師岡町1137 アクセス 東急東横線「大倉山駅」から徒歩8分

戸隠神社（とがくしじんじゃ）――**戸隠忍者発祥の地**
住所 長野県長野市戸隠3506 アクセス JR「長野駅」からバス

龍音寺間々観音（りゅうおんじままかんのん）——**別名「おっぱい観音」。日本唯一のお乳のお寺**
住所 愛知県小牧市間々本町152 アクセス 名鉄小牧線「小牧駅」から徒歩25分

晴明神社（せいめいじんじゃ）——**陰陽師安倍晴明を祀る魔除けで有名**
住所 京都府京都市上京区晴明806 アクセス JR「京都駅」からバス「一条戻橋・晴明神社前」下車、徒歩2分

大江神社（おおえじんじゃ）——**狛虎が有名**
住所 大阪府大阪市天王寺区夕陽丘町5-40 アクセス 地下鉄谷町線「四天王寺前夕陽丘駅」から徒歩3分

丹生神社（にうじんじゃ）——**奇祭「笑い祭」が有名**
住所 和歌山県日高郡日高川町大字江川1956 アクセス JRきのくに線「和佐駅」から車で5分

中嶋神社（なかしまじんじゃ）——**「お菓子」の祖神を祀る**
住所 兵庫県豊岡市三宅1 アクセス JR山陰本線「豊岡駅」からバス「森尾口」下車、徒歩10分

川崎観音（かわさきかんのん）——**手作りのおっぱい絵馬を奉納**
住所 山口県周南市川崎2-1 アクセス JR山陽本線「新南陽駅」から徒歩20分

大山祇神社（おおやまづみじんじゃ）——**境内にある樹齢2600年の楠で有名**
住所 愛媛県今治市大三島町宮浦3327 アクセス JR山陽本線「福山駅」からバス「大山祇神社前」下車、すぐ

お松大権現（おまつだいごんげん）——**御祭神が猫。妖猫のたたり伝説が残る**
住所 徳島県阿南市加茂町不ケ63 アクセス JR牟岐線「阿南駅」からバス「お松大権現前」下車

宗像大社（むなかたたいしゃ）——**「七夕伝説」発祥の地**
住所 福岡県宗像市田島2331 アクセス JR鹿児島本線「東郷駅」からバス「宗像大社前」下車

天岩戸神社（あまのいわとじんじゃ）――**日本神話の舞台として有名**

住所 宮崎県西臼杵郡高千穂町岩戸1073－1 アクセス 高千穂バスセンターからバス「天岩戸神社前」下車、すぐ

宝当神社（ほうとうじんじゃ）――**宝くじ高額当選者続出の噂**

住所 佐賀県唐津市高島523 アクセス JR「唐津駅」から車で5分、定期船で10分

ご利益別・お願い別
神社・お寺開運帖

編著者　神社・お寺開運研究会
発行者　真船美保子
発行所　KK ロングセラーズ
東京都新宿区高田馬場 2-1-2　〒 169-0075
電話（03）3204-5161(代)　振替 00120-7-145737
http://www.kklong.co.jp
印　刷　㈱暁印刷
製　本　㈱難波製本

落丁・乱丁はお取り替えいたします。
ISBN978-4-8454-5047-3 C0230
Printed In Japan 2018